発見！ファーストクラス民宿®

ほんとうは教えたくない
厳選36の宿

飯塚玲児

MKP

まえがき

読者の皆さんは「民宿」と聞いてどんな印象を持つだろうか？　「安い」けれども「汚い」「ボロい」……。いまだにそんなイメージがあるのではないだろうか？　しかし、それはとんだ間違いだと筆者が気付いたのは、ここ二、三年のことである。

西伊豆「高見家」（一三六ページ）に泊まったときのこと。夕食に伊勢海老姿造りや鮑（あわび）踊り焼き、刺し身舟盛りまで付いて、二食付き一万五〇〇〇円もしなかった（当時）。風呂は源泉一〇〇%かけ流しの天然温泉、館内も客室も掃除が行き届いて実に清潔だった。この幸福な宿泊体験が本書を世に問うきっかけだ。

そうして各地の民宿を泊まり歩いてみたら、旅館やホテルに引けを取らない極楽ステイが満喫できる民宿を多数「発見！」することができた。筆者は老舗旅行雑誌で一〇年以上取材・編集に携わり、編集長を務めたのちにフリーの「旅のモノ書き」として約二〇年を過ごしてきた。そうして一〇〇〇軒以上の宿を取材した経験を振り返りながら、次の三原則を満たす極上の民宿を「ファーストクラス民宿」と名付けることにした。

その三原則とは「旨い」「安い」「清潔で快適」である。選定基準は、必ず筆者が泊まって実地取材をした上で、自信を持って皆さんにおすすめできる民宿、としている。

「ファーストクラス民宿」の総合的な魅力を一言で表すと、「コストパフォーマンスが最高」ということに尽きると思う。多くは家族経営であり、人件費や施設維持費を抑えられるのも格安料金の秘密。施設規模が小さければ、サービスにも目が行き届くことになり、ホスピタリティも充実してコスパが上がる。快適さについては、掃除が行き届いているのはもちろんのこと、民宿ならではの「おもてなし」も評価することを心がけた。

さらに、大規模なホテルや旅館に比して食事が圧倒的に旨いことは、本書を読めば誰の目にも明らかだろう。海辺の民宿なら新鮮な魚介類が低価格で仕入れられるし、漁業兼業なら旨い魚が直に手に入る。これも格安旨飯を支えている。

ファーストクラス民宿は、もちろん海辺の宿だけではない。山の宿では地元の郷土料理や山菜、畑の幸が食膳をにぎわす。とりわけ郷土料理は、旅の醍醐味でもあるその土地の風土を堪能できるものとして魅力が大きい。

宿の造りも様々だ。古民家をリノベーションした民宿、現代アート満載のお洒落な民宿、バブル期の料亭から転身した民宿、貸切露天風呂に生ビールが空から降りてくる民宿など、それぞれに個性が際立っている。

宿泊料金は「ビジネスプランを除く最低料金〜」と記載した。だが、ファーストクラス民宿では「追加料金を支払う」つまり「アップグレードする」ことで、金額に比して圧倒的に料理の満足度が上がる場合が多い。民宿では宿泊料を上げることが、即座に料理に反映されるからだ。一部を除き、客室の違いはさほど料金に反映されないから、宿泊料を上げるほどに料理が豪華になっていく。都内の料亭では一万円以上もする料理が、プラス三〇〇〇円前後で味わえるのである。

ともあれ、ファーストクラス民宿の世界へようこそ。「旨い」「安い」「清潔で快適」な民宿の旅を存分に満喫していただきたい。

発見！ファーストクラス民宿®

ほんとうは教えたくない厳選36の宿　目次

本書のデータについて

＊　本書で取り上げた民宿はすべて、アメニティとしてフェイスタオル、歯ブラシセット、浴衣（原則大人のみ。夏季やスキーシーズンはサービスがない場合もある）、ボディソープ、シャンプー、リンス（リンスインシャンプーを含む）を備えています。

＊　「その他のアメニティ」は、バスタオル、カミソリ、ドライヤー、メイク落としがそろっている場合に追記しました。

＊　データ欄で表記した宿泊料は、通常期平日に二名一室で泊まった場合の一名分の最低料金（税込、温泉の場合は入湯税も含む）の目安です（ビジネスプランは除く）。本文中に表記したアップグレードプランの料金もこれに準じます。

＊　交通は最寄りの駅からのアクセスを表記。車の場合は最寄りのＩＣからのおおよその所要時間を表記しています。

＊　記事中でご紹介した料理メニューは一例です。季節などによって変わる場合があります。

＊　すべてのデータは二〇二三（令和五）年三月現在のものです。

発見！ ファーストクラス民宿®
ほんとうは教えたくない厳選36の宿

現代アートと温泉が融合するモダン民宿

福島県・湯野上温泉

湯季の郷　紫泉

一泊二食……一万一一五〇円～

その他のアメニティ＝バスタオル、カミソリ、ドライヤーほか

会津鉄道湯野上温泉駅から徒歩約15分
東北自動車道白河ICから約1時間

福島県南会津郡下郷町湯野上832
☎0241・68・2508

玄関を一歩入った瞬間、吹抜けのスペースに広がる現代アートの世界にまず驚くだろう。

海外でも活躍するＭＨＡＫ氏や井上純氏による巨大作品が館内の至る所に描かれているほかに、書家である館主の書や刻字があちこちに「紫泉書」として飾られている。

この宿では、旧来の民宿の概念を覆す三つの提案と題し、「アートと温泉の融合」「三代で楽しめること」「寝る・食にも温泉」を謳っている。

アートの件は写真をご覧いただければわかると思うが、三代で楽しめるサービスとして、子供用のお口＆お手拭きシート、お尻拭き、哺乳瓶洗浄器も用意。一日一組（要予約）ながら、滞在中ずっと利用できる貸切風呂も用意している。さすがにエレベーターはないものの、一階はほぼ段差がないユニバーサルデザイン。家族連れや高齢者にも優しい宿だ。しかも民宿だというのに、全室トイレ付き！

「食」では温泉利用の温室ハウスで無農薬有機野菜を栽培。夕食の食膳に上る。客室は全室温泉床暖房、冬の間も実に快適である。自慢の温泉は源泉一〇〇%かけ流し。男女とも内風呂と、緑濃い自然（田んぼ）が間近に迫る露天風呂がある。夜は脱衣所に置かれた専用の携帯照明を持って、ほぼ真っ暗闇の露

天風呂に入浴。夏はカジカガエルの鳴き声がやかましいほどだ。

期待の夕食は食事処で。まず会津名物の曲げわっぱのお盆に、同じく会津名物の「つと豆腐」(豆腐を藁苞=わらづとに入れて塩茹でし、絞って干した会津の保存食)と厚揚げの田楽、蕎麦の実粥、茶碗蒸しなどが盛られて登場する。

さらに馬刺し、野菜の味噌フォンデュや牛肉陶板焼き、鰈(かれい)のムニエル、そして名物の岩魚(いわな)唐揚げも並ぶ。岩魚は泳がしの活けを捌いて揚げるもので、身が反り上がって頭からバリバリと骨ごと食べられるこの宿の名物料理。臭

みもなく、やや甘めのソースが味を引き立てている。

酒類もなんと六〇種類がそろう。人気の会津の地酒三点セットは、国権、男山、花泉が合わせて約二合で一二〇〇円。焼酎のお湯割は温泉水で割るなど、芸が細かい。

布団敷きは宿の方が食事中に済ませてくれる。お風呂はもちろん二四時間入浴オーケーで、客室にも無料Wi-Fiが備わっている。

アメニティも充実していて過不足がない。さらに今どき、ロビー一角に喫煙室を完備している。これはタバコ吸いの筆者にはうれしかった。

翌朝の朝食には、野菜サラダのほか焼き鮭と温泉卵、焼き海苔とキャラブキの佃煮、具沢山の味噌汁と炊立ての白飯が並んだ。ものすごく豪華というほどではないが、きちんと手作りした本物の味わいだ。

訪ねたときから帰るときまで、「これ本当に民宿なのか?」という思いがした宿である。本書のトップバッターを飾るにふさわしい、リピート確実のファーストクラス民宿だった。

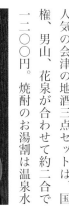

リノベした洒落た古民家に極上の檜風呂

湯宿　にしきや

一泊二食一万五〇〇〇円〜
その他のアメニティ＝バスタオル、ドライヤー（客室に用意）

福島県・湯野上温泉

会津鉄道湯野上温泉駅から徒歩約15分
東北自動車道白河ICから約1時間

福島県南会津郡下郷町湯野上784
☎0241・68・2413

一二〇年〜一三〇年前の建物をリノベーション、一九七五（昭和五〇）年に民宿として開業した。館内の空間は大正ロマンと昭和レトロが同居する実に洒落た雰囲気である。

この玄関を入った右が食事処、左に風呂がある。風呂は広々とした檜風呂の内湯と、こぢんまりとした石風呂の内湯で、どちらも源泉一〇〇%かけ流し。

特に檜風呂はゆったりとして魅力的で、湯のフレッシュ感が素晴らしくて驚いた。取材時にセルフタイマーで撮影をした際、あまりにも湯が気持ち良すぎて、そのまま一五分以上も浸かっていたくらいである。

泉質は源泉約五七度の単純温泉。やわらかい泉質ながら、湯は熱めで、体の芯から温まる。

檜風呂と石風呂は夕食後には貸切風呂としての利用も可能になる。タイミングが許せば、個人的には檜風呂を推奨しておきたい。

湯上がりにタバコを吸おうと玄関

を出ると、目の前に緑濃い庭園が広がっていた。この庭園を眺めながらの一服も最高である。

そして期待の夕食。まずは会津塗の手塩皿に盛られた郷土料理のこづゆ、鰊（にしん）の山椒漬け、大根と人参の膾（なます）、只見産のわらび、さらに蕎麦豆腐、野菜サラダ、会津名物の漬け込みと来て、桜肉の

炙りと刺し身、福島牛の陶板焼き、焼きたての鮎の塩焼き、締めは、つと豆腐の田楽と、粳米（うるちまい）を半殺しにして荏胡麻（えごま）味噌を塗って焼いた「しんごろう」。むろん白飯の用意もある。

写真を見ていただければ分かる通り、「見目麗しく情けあり」といった絶品料理だが、作っているのはご主人の星浩樹さんと聞いて驚いた。

「どこかのお店で修業なさったんですか？」

と聞くと、

「小僧の手習程度です」

と謙遜するのだが、器選びから味付け、盛付けまで、完全なプロの仕事である。

この料理をお供にクラフトビールを一杯、日本酒を四合飲み干して部屋に戻ると、床が延べてあった。布団敷きも宿の方が夕食中に済ませてくれる。

おもむろにタバコを持って玄関を出る。食後の一服を、薄明かりの庭を見ながら吸うのは最高の気分。

一時間ほど食後の休憩を取った上で、今度は石風呂へ入った。檜風呂よりは小さいが、やはり湯はフレッシュ感が素晴らしかった。頭と体を洗い、さっぱりして風呂を上がって、その足でまた玄関を出て一服。

取材時の季節は夏だったのだが、夜の涼しい風が首元から背中を抜

け、ああいい風だな、と思う。エアコンの風に慣れた身からすると、どこか懐かしい涼しさであった。

二三時過ぎに寝て、朝七時前に目覚めた。朝食は七時半からで、そんなにゆとりはないはずだが、どうやらここでは時間がゆっくりと流れているようである。

朝食は、白飯と味噌汁と焼き海苔と香の物、会津の凍み大根などの煮物。さらに、焼き鮭とサラダが乗った大皿の真ん中には、明太子と大根おろし、納豆、オクラのたたき、山芋たたき、烏賊（いか）刺しが丸（がん）に取って（団子状にして）ある。

まさしくひと口サイズで、飯に載せて海苔巻いて食べなさい、と言わんばかりで、当然三杯飯となった。お代わりが足りないほど。モーニングコーヒーのサービスもある。

宿泊料金は民宿としてはやや高めながら、この値段でまったく不満はない。客室にはWi-Fiも飛んでいる。

これぞファーストクラス！と唸った民宿だった。

女将さんのやさしいおもてなしに心温まる

湯楽の宿　民宿ひらのや

『一泊二食……九三五〇円〜
その他のアメニティ＝バスタオル、カミソリ、ドライヤー』

福島県・湯野上温泉

会津鉄道湯野上温泉駅から徒歩約 15 分
東北自動車道白河 IC から約 1 時間

福島県南会津郡下郷町湯野上居平乙 794-1
☎ 0241・68・2404

ハイレベルの民宿がそろう湯野上（ゆのかみ）温泉の中では比較的正統的な構えの民宿。だが、玄関を入って女将の星和子さんに満面の笑みで出迎えられると、旅の疲れが吹き飛ぶ気分である。

常連客にも愛されており、取材時に同宿した千葉県在住の六〇代の男性客は、

「もう通って七年になるかなぁ」

と笑っていた。

「とにかくホスピタリティは最高ですよ」

と言う。

館内はお世辞にもお洒落とは言えないものの、隅々まで清潔に掃除が行きわたり、落ち着いた和室の客室も居心地が良い。

源泉一〇〇%かけ流しの風呂は、男性用が檜と大理石の内湯、女性用が御影石の内湯で、それぞれに小さいものの大理石の露天風呂も備えている。この湯のフレッシュ感がすこぶる抜群で、肌にビンビンとくるよ

うな極上湯であった。

泉質はやや熱めの単純温泉。これを加水も加温もせず、循環・消毒もせずに、そのまんまかけ流している。フレッシュなわけだ。

夕食は飾り気のない和子女将の手作り料理が食膳をにぎわす。

鮎の塩焼き、とても意外な具（秘密！）が入った茶碗蒸し、わらびのおひたし、トマトのスープ、会津名物である鰊の山椒煮と棒鱈（ぼうだら）の煮付け、そして蕗（ふき）の酢の物、凍み大根の煮物、茹でとうもろこし、揚げ茄子やモロッコいんげん、茹で海老などが入ったたっぷりのサラダ、国産豚の陶板焼き。これに汁と飯も付く。とても食べ切れないくらいだ。

会津の地酒も九種類そろってい
る。しかも全部値段が同じ。「飛露来」
の特別純米も「冩楽」の純米酒も、「泉
川」の純米吟醸も「ロ万」の純米吟
醸も、全部一合九〇〇円である。結
局四合も飲んでしまった。

夕食後、部屋に戻ると床が延べて
あった。さっそくゴロンと横になり、
いやあ、食べ過ぎたな、などと呟き
ながらウトウトとする。この瞬間の

心地良さったらない。

三〇分ほど仮眠をしてから、また檜風呂に入りに行った。飲酒後なのでザブンと入っただけだが、体がポカポカになり、ここから体温が下がるにつれて、深い眠りに入っていけるのである。

寝たのはたぶん二三時ごろ。翌朝は七時起きだった。玄関先で目覚めのタバコを一服してから、口をすすいで朝食へ向かう。

朝からすごいご馳走である。なめこ、わらび、豆腐、大根が入った具沢山の味噌汁に、いんげんの胡麻唐辛子和え、舞茸おろし、生卵、納豆、焼き鮭、茄子と胡瓜のおひたし、漬物に白飯、手作りブルーベリージャムをかけたヨーグルト……。

すべてが手作りだから、まずかろうはずがない。これも民宿の良いところである。

同じ価格帯である二食付き一万円台前半の「旅館」では、なかなかこうはいかない。かなりの確率で、出来合いのものを盛り付けただけの惣菜が並ぶことになる。

おなかパンパンになって部屋に戻ると、布団が上げられていた。畳にゴロンと寝て、座布団を枕に一時間ほどのんびり休憩をしてから宿を辞した。

帰りに、お菓子が入った小袋を女将さんが手わたしてくれた。車に乗り込んで中を開けると、なぜかパインアメと柿の種などとともにメッセージが入っていた。

「飯塚さん、取材おつかれさまです。温泉につかり、少しはゆったりのんびりできたかと思います。ありがとうございました。ひらのや*かずこ」

なるほど、常連さんがイチコロになるわけだ。おかげさまで、女将さんの笑顔と手作りの旨い料理、そして極上の温泉で本当にゆっくりできましたよ、と思いつつ、帰りの車を走らせた。

真田家別邸跡は創作料理と源泉かけ流しの宿

民宿 本陣

『一泊二食……一万一一五〇円～
その他のアメニティ＝バスタオル、カミソリ（フロントにて）、ドライヤー、メイク落としなど』

栃木県・塩原温泉郷

東北新幹線那須塩原駅バス1時間7分、塩原温泉バスターミナルから送迎（要予約）約10分
東北自動車道西那須野塩原ICから約25分

栃木県那須塩原市塩原1055
☎0287・32・2043

駐車場から玄関へ向かうと、まず両脇の看板上に描かれた真田家の家紋、六文銭が迎えてくれる。真田家別邸跡を謳っている通り、初代松代（まつしろ）藩主・真田信幸の末裔の別邸を復原新築した民宿である。ロビーには土地の売買契約書も飾られている。

客室は簡素ながら清潔感たっぷりで、布団は到着時に敷かれている。アメニティも充実しており、浴室入り口には数種のシャンプーとリンスが置かれて選べるなど、女性にはうれしいサービスもある。

トイレは男女共用と女性専用がある。全館禁煙だが、玄関外に灰皿が用意されている。

風呂は大小二つあり、貸切中の札をかけて入浴するシステム。どちらも浴槽に木枠を巡らせた造りだが、大きい方の浴槽は椹（さわら）板、小さい方は檜板を新調したばかりで、木の香がゆかしい。

クセのない肌触りの湯は、入った

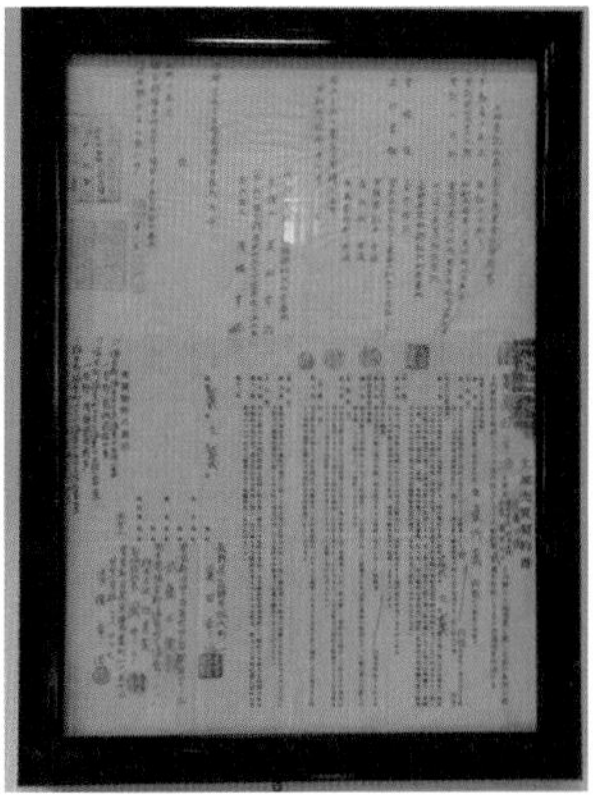

瞬間に思わず、ふうう、とため息が出るほどの鮮度。
　それもそのはず、敷地内から湧く自家源泉を加水なし、加温なし、循環なし、消毒なしの完全かけ流しで提供。一晩中いつでも入浴でき、湯上がりは体の芯からポカポカになること請合いである。

　湯は源泉四五・八度の単純温泉だが、ナトリウムイオン、炭酸水素イオンが豊富で、溶存物質合計が九六〇ミリグラムある。これはもう少しで「ナトリウム―炭酸水素塩・塩化物泉」の泉質名になるレベル。いわゆる美肌の湯であり、温まりの湯でもある。流れ落ちる汗を拭いながら飲む湯上がりのビールが、また格別だ。
　山あいの宿ながら、夕食も非常に充実している。取材日に泊まった一泊二食一万五〇〇〇円のグレードアッププランでは、烏賊の酢の物をはじめとした前菜、馬刺し三点盛りのほか、松茸土瓶蒸し、鮎の塩焼き、栃木牛ステーキ、豚肉と茸（きのこ）の鍋、トマトとアボカドのグラタン、大根とベーコンのコンソメ煮など、品数も豊富で、食いしん坊の筆者は大感激。

中でも馬刺しは、口の中でとろけるようなフタエゴ（バラ肉）、キメの細かい肉質のロース、シコリとしたハツの食感が一度に楽しめて秀逸だった。これに吸物と茸の炊込み飯、お新香、デザートまで付く。

到底食べ切れないかと思ったのだが、結局全部ペロリと食べてしまった。各地の美酒もそろっており、ゆっくり銘酒を飲みながら味わったおかげとも言えそうだ。

料理人であるご主人の國井重憲さ

んは、東京で和食の修業をしてきたとうかがったが、洋皿も繊細な味わいで素材の味が生きており、食べ飽きることがなかった。

　夕食後、一時間半ほどして再び温泉にザブリと浸かり、いつもより早めに寝床に就いた翌日は朝七時半に起床。目覚めのタバコを一服し、歯を磨いてからすっきりして朝食会場へ向かった。

　献立は、まず大ぶりの椀に盛られた蜆（しじみ）汁。酒を飲んだ翌朝には最高である。

　そのほか、鯖塩焼き、野菜サラダ、温泉卵、納豆、味付け海苔をはじめ、金平牛蒡やピクルス、卵焼き、刺し身蒟蒻などのおかずが盛られた小鉢が全八種並び、朝からモリモリ三杯飯となった。

　まったく、民宿の朝飯はどこで食べてもしみじみ旨い。ファーストクラス民宿なればこそ、と言えるのかもしれないけれど。

　普段は夜型生活の筆者は、旅に出ると途端に早寝早起きの朝型健康生活になる。飯は旨いし、湯は良いし、生活リズムも改善する。

　加えて旅には「転地作用」があり、ストレス解消や自律神経のバランスを整える効果もある。ファーストクラス民宿旅は、まさに良いことづくめである。

季節の美味！ 冬は鮟鱇、夏は穴子フルコース

茨城県・平潟港温泉

やすらぎの数寄屋民宿 やまに郷作

一泊二食……八九五〇円～
その他のアメニティ＝バスタオル、カミソリ、ドライヤー、メイク落とし

JR常磐線大津港駅からタクシー5分
常磐自動車道北茨城ICから約15分

茨城県北茨城市平潟町273
☎0293・46・1178

今回、民宿のリサーチを進めていて気付いたことは、福島県いわき市から千葉県銚子市に至る海岸沿いに、ファーストクラス民宿が少ないということであった。

その唯一の例外地がここ、茨城県平潟港（ひらかたこう）温泉である。

このあとにも一軒の民宿をご紹介しているが、こちらの宿は古くから数寄屋造りの民宿として名を馳せ、リーズナブルな料金と豪華な食事、天然温泉で人気を博している。

外観は写真の通り、ちょっと民宿とは思えない純和風の佇まいである。写真では見辛いが、玄関に「鮟鱇」の看板が見える。周辺は冬には鮟鱇の本場として知られ、ほかの民宿でも鮟鱇料理を売りにしているところが多い。

もちろんこの宿でも、秋深まって冬から早春の頃までは、鮟鱇料理が名物だ。一方、夏から秋口にかけては、この宿では地物の穴子料理を満喫したい。最安料金よりアップグ

レードする形にはなるが、値段の差よりも味わいの満足度の方が断然高い。穴子の握り寿司、蒲焼き、天ぷら、穴ざく（穴子と胡瓜の酢の物）、穴子の吸い物が付くほか、地魚の刺し身や牛肉の陶板焼きも付いていて食べ切れないほど。

これで二食付き一万二二五〇円とは破格。蒲焼きは、希望すれば白焼きにも変更できる。蒲焼きは鰻ほど重くはなく、天ぷらはふっくらホクホク。穴ざくは酒飲みにとっては垂

涎の味わいである。地魚の刺し身も上質で、牛肉もあるから飽きることもない。

食事場所は、日によって食事処か部屋食などに変わる。布団は宿の方が敷いてくれる。客室はシンプルながらゆったりとしており、清潔で居心地が良い。

風呂は男女別のナトリウム・カルシウム－塩化物泉の天然温泉。循環・消毒だが塩素臭も感じず、清潔感も素晴らしい。泉質はいわゆる食塩泉系で、湯上がりの保温・保湿効果が高い。浴後なかなか汗が引かず、喉を鳴らして飲むビールがまた旨かったこと！

深夜〇時まで寝酒を飲んでから眠りに就き、翌朝の朝食にまた唸った。別段大ご馳走というわけではないのだが、「ザッツ民宿の朝飯」という感じである。

納豆に焼き海苔、塩鮭、湯豆腐、卵焼きにサラダ、しらすおろしに明太子など、飯のお代わりが足りないほどだ。オレンジジュースや牛乳も付いていて、さらにヨーグルトのデザートも。

こうした典型的な朝食が旨いのが民宿の特徴でもある。その理由はほかでもなく、真心を込めて作っているからだろう。

昨今の旅館で大流行りの朝食バイキングも、好きなものだけを味わえてそれはそれで悪くはないのだが、前述のような民宿らしい朝食で白飯をモリモリと食べると、前夜の酒も抜け、明らかに元気が増す気がするのは筆者だけだろうか。

参考までにこの宿、源泉かけ流しの風呂付きの離れ「ほまち庵」もある。一日一組限定で、セミダブルベッド二つの寝室と、情緒豊かな和室の続き間になっている。

夕食は部屋食で、誰にも邪魔されない一夜を過ごしたいという大人のカップルにはおすすめである。料金は前述の穴子尽くしの食事をチョイスして二万二一五〇円〜。

部屋付き風呂の離れに泊まってこの料金というのは、やはり民宿でなければなかなか実現できないと思う。

旅館であれば、筆者の感覚では三万五〇〇〇円以上のレベル。こんなところにも、ファーストクラス民宿の矜持が表れているのだ。

震災から復興！ 波音の調べと鮟鱇フルコース

茨城県・平潟港温泉

汐騒の宿　暁園

『一泊二食……一万一〇〇〇円～
その他のアメニティ＝バスタオル、ドライヤー、メイク落としなど』

JR 常磐線大津港駅から送迎（要連絡）10 分
常磐自動車道北茨城 IC から約 15 分

茨城県北茨城市平潟町 1519-23
☎ 0293・46・5891

東日本大震災で被災し、新築して約一〇年。まだ新しさが感じられる建物の玄関をくぐろうとしたら、宿の方が引き戸を開けてくれた。

「いらっしゃいませ。お待ちしておりました」

「お世話になります」

そんなやり取りのあと、宿の方が荷物を持って部屋に案内してくれる。民宿ではかなり珍しいことだ。ロビーもゆったりとしており、純和風の客室も清潔。こちらもゆったりしていて、オーセンティックながら落ち着く造りである。

部屋から窓の外を見ると、マイカーが停められた駐車場の向こうに浜と海が見える。窓を開けたら、ザザーッという波の音が耳に飛び込んできた。

まさに汐騒の宿。

部屋に荷を解き、玄関を出て一服した。海の向こうに小名浜の街を見ながらタバコを燻（くゆ）らせるのは実に心地が良かった。

しかるのちに風呂場へ向かう。

風呂は大小の内風呂が一つずつあって、一時間ごとに部屋の札をボードに張って予約し、入浴する仕組みである。泉質は弱アルカリ性のナトリウム・カルシウム—塩化物泉で、いかにも食塩泉らしい保温効果があって湯冷めしにくい。

湯遣いは循環・かけ流し併用とのことだが、湯には茶褐色の湯の花が舞っていた。風呂は一晩中入浴オーケーである。

ご主人の仁井田康昌さんは、調理師学校を出た後、いわき平、水戸などの料理店で研鑽を積み、震災の五年前に戻ってきたという。当時は先代が宿を切り盛りしていた。

「そうしたら震災でしょう？　幸い津波は目の前で止まったけど、地震で建物が壊れてしまって。先代はもうやめるというし、どうしたもんかなと思ったけども、応援してくださるお客様の声を受けて、なんとか再建しました」。

それだけ常連客が付いていたことにほかならないが、ここの夕食を食べると、リピーターになるわけが分かる。冬の名物は鮟鱇料理で、今回は鮟鱇のフルコース（一泊二食一万七六〇〇円～）をお願いした。

写真を見ていただきたい。鍋の鮟鱇どぶ汁は、あん肝と味噌、野菜と鮟鱇の身皮などから出る水分だけで煮込むもので、これだけが撮影用にと二人前。

あとはすべて一人前で、前菜として鮟鱇の唐揚げ、鮟鱇の身とあん肝をホイル焼きにしたステーキ、さらに鮟鱇の身と皮などを湯がいて特製

の味噌で味わう供酢（ともず）、蒸しあん肝、肝と身皮を細かくたたいて胡麻と酢で和えた供和え、頬肉を使った照り煮、極め付けは刺し身の皿盛りで、鰹、甘海老、平目、赤鯥（あかむつ）のほか、なんと鮟鱇の刺し身とあん肝の生の刺し身が盛り込まれている。

鮟鱇の生の刺し身はきめが細かくて上品な味わい、生のあん肝は意外なほどプリプリ感があって、くどさがない。

調理前に入荷した鮟鱇（約五キロ）を見せてもらったが、一人前でこれの約半分を使うと聞いた。

しかし、この量はどうやっても食べきれない。結局、どぶ汁の大半を残したが、これは翌朝に雑炊にしてくれるのだ。

翌朝食は、納豆、渡蟹（わたりがに）の味噌汁、焼き海苔、目玉焼き&サラダ、喉黒（のどぐろ）の干物、青さ海苔と自然薯を混ぜたものと豆腐を蒸して餡かけ風に仕立てたもの、

桃ジュースが並び、ここに前夜残したどぶ汁の雑炊が加わる。
　筆者は勝手に日本三大雑炊というのを決めていて、まず鮟鱇雑炊、残りはスッポン雑炊と河豚（ふぐ）雑炊である。その一角を担う鮟鱇雑炊を朝から三杯食べられる幸せといったらない。

白飯までは辿り着けなかったけれども、二日間で一年分のあん肝を食べた気分だった。
　夏の期間は鮑や雲丹（うに）、岩牡蠣、伊勢海老などが食膳を彩るという。言うまでもなく、こちらもまた楽しみである。

なんと全室露天風呂付きで二万円以下！

浜辺の宿　まごえむ

一泊二食……一万九八〇〇円～
その他のアメニティ＝バスタオル、ドライヤー

千葉県・南房総市岩井海岸

JR内房線岩井駅から
徒歩約20分
館山自動車道鋸南富山ICから
7分

千葉県南房総市久枝742-2
☎0470・57・2045

どんよりとした灰色の空から、冷たい雨が降っていた。しかし宿の前に立つと、沈んだ気持ちがぱあっと明るくなる思いである。控えめの照明に浮かぶエントランスの雰囲気がまず良い。ドアを開けて中に入ると、木の温もりが感じられる和モダンの空間が広がる。フロントがあるこの建物は食事棟で、夕・朝食ともにこちらでいただく。

フロントに声をかけると、気さくな女将の川﨑桂子さんが迎えてくれ、隣接する客室棟に案内してくれる。民宿では珍しいのだが、

「こちらへ行ってくださいって言っても、ねえ」

と女将さんが笑った。

部屋に案内されてまた驚いた。今回泊まったのは、モダン和室の「千重波（ちえなみ）」で、ゆったりとした畳の座敷に小上がりがあって、布団がすでに敷いてあった。しかもテラスが付いていて、ここでタバコも吸えるのである。愛煙家には実にう

れしい造り。
客室はこのほか趣がそれぞれに異なる全八室だが、なんとすべての客室に露天風呂が付いている。もちろんトイレや洗面台も完備。建物は二〇一五（平成二七）年にリニューアル、まだ真新しさが感じられる。これで二食付き二万円でお釣りが来るのである。温泉旅館であれば四〜五万円クラスの印象だ。

風呂は客室付きの露天風呂のほか、ゆったりした貸切風呂が二つある。「潮香の湯」と「海石（いくり）の湯」で、チェックイン時に予約をして入浴する。夕食後の二〇時半以降は空いていればいつでも入浴できる。湯は光明石を使った人工温泉で、しっかり温まる。

客室棟には階段で地下に下りるくつろぎスペースがあり、書籍や漫画が置かれている。しかし筆者は、雨の日とあって夕食時間までずっと客室で過ごしたが、まったく退屈しなかった。のんびり部屋付き露天風呂に浸かり、テラスでタバコを吸い、宿の自販機で買ったヱビスビールを

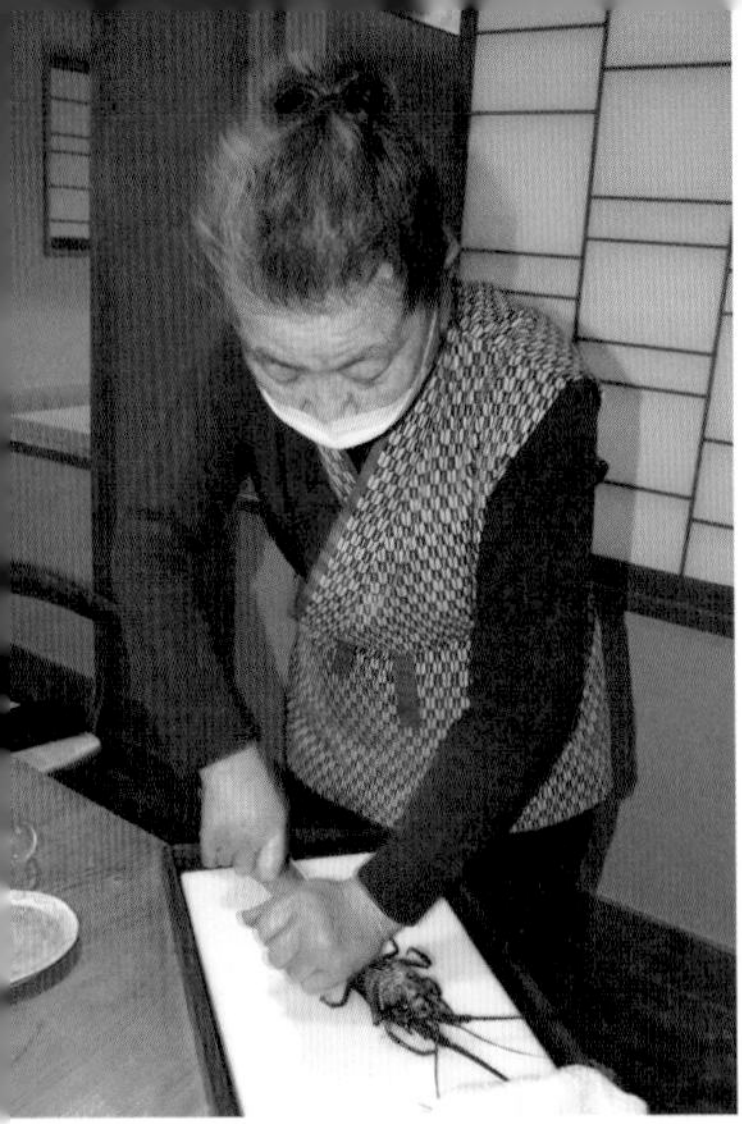

飲んだりしているうちに、あっという間に夕食の時間となった。

食膳を最初に彩ったのは活伊勢海老。席に着いてから目の前で女将さんが二つに割ってくれる。半身は刺し盛りに入り、もう半身はしゃぶしゃぶにして味わう。その刺し盛りは伊勢海老のほか、鰍（いなだ）、縞鯵（しまあじ）、金目鯛、平目、真鯵、黒鯥（くろむつ）と種類も豊富。

寿司桶に入った先付けは帆立貝焼き、水雲（もずく）酢、薩摩揚げ、茹で落花生。サラダは磯で採ったひじきに小海老、紅芯大根やラディッシュなどが入ってカラフルだ。メインの真鯛のしゃぶしゃぶには、この時期だけという生若布（わかめ）もサービスされた。

さらに金目鯛の煮付けと野菜の炊合わせ、揚げ物は太刀魚、蓮根、明日葉、ブロッコリーで、魚の煮汁で味わうのがまごえむ流。煮汁は比較的あっさり目で、意外に揚げ物に合う。締めは一口雲丹（うに）飯と真鯛の潮汁、白菜漬け。デザートはシナモンアイスで、林檎のコンポートなどが添えてあった。白飯のお代わりも用意されている。

夜になって雨が止み、デッキで夕

バコを吸っていると、ザザーン、と波の音が聞こえてきた。浜辺までは歩いてもすぐの距離だ。

翌朝食は、まず二段のお重にひじき煮、鮪中落ち、しらす、焼き海苔、卵焼き、梅干し、長芋千切りが入って登場。さらに柳葉魚（ししゃも）と真鯵と鯖味醂の干物三点、野菜たっぷりのサラダ、昨晩の伊勢海老の頭味噌汁、お新香盛り、そして土鍋炊きの艶々ご飯である。三杯もお代わりしてしまった。

食後はまた部屋付き露天風呂に入り、タバコを吸ってのんびり。民宿としては高い宿泊料かもしれないが、コスパを考えると十分に得をした気分の極上民宿だった。

ちなみに、岩井海岸には「孫エム」という別の民宿もあるのでお間違えのないように。

味噌も醤油も自家製！ 体にやさしい隠れ宿

千葉県・館山塩見温泉

サンゴの湯 やどかり

一泊二食……一万一五〇円～
その他のアメニティ＝バスタオル、ドライヤー

JR 内房線館山駅からバス約 15 分、加賀名下車徒歩 5 分
館山自動車道富浦 IC から約 30 分

千葉県館山市波左間 230
☎ 0470・29・1160

海沿いのメイン通りから山側に入って右左折を繰り返す。海からは数分の距離ながら、こんなところに宿が？ という細道の先に目指す建物が見えた。板壁と木格子に飾られたシックな外観を見た瞬間、この宿は間違いなくファーストクラスだと直感した。

約四五年前にペンションとして開業、二〇年ほど前に現ご主人の稲田実知留（みちる）さんが跡を継ぎ、自ら漆喰を塗り、板を張って、和モダンな雰囲気が感じられる上質の民宿に変身した。

コンセプトは「体と心にやさしい宿」。前述の通り木や竹、漆喰を使った手造りの温もりが感じられる館内や客室は、まさに癒しの空間だ。部屋数は全八室、うちトイレ・洗面所付きが五室、洗面所付きが三室で、ツインルームを中心に和洋室も二室ある。

やさしいのは外観や内装だけではない。ほかでもない、「湯」と「味」

である。
　まず湯。十和田石を使った内風呂「こがねの湯」と、玄関を出た駐車場脇の建物内に湯煙上げる「五右衛門風呂」。これを部屋ごとに貸切で利用するシステムだ。
　「こがねの湯」はナトリウム―塩化物冷鉱泉の天然温泉。とろっとした肌触りのアルカリ性の湯で、加水・加温・循環・塩素消毒ながら、よく温まる。
　「五右衛門風呂」は地下一八メートルの珊瑚層から湧く水を薪（まき）で炊いている。こちらの肌触りはま

さにシルキータッチで、滑らかな感触はちょっと官能的である。この湯も、成分分析をすれば天然温泉になりそうだと思った。

もう一つの「食」へのこだわりは、この民宿を真のファーストクラスたらしめている。なにしろ、味噌も醤油も手造りなのだ。化学調味料も一切使わず、砂糖もきび砂糖か甜菜糖（てんさいとう）、米も無農薬有機栽培

で、野菜も自家栽培か、契約農家の無農薬素材を使用している。したがって、夕食の主役も「野菜」である。

夕餉（ゆうげ）に並んだのは、嫌な苦味がまったくないレタスとラディッシュ、人参マリネのサラダ（玄米甘酒のドレッシングが激旨！）、菖蒲蕪（あやめかぶ）の炊きものに柚子（ゆず）と自家栽培唐辛子を振ったもの（蕪は土の匂いの懐かしい味）、縮み小松菜と生木耳（きくらげ）、人参の焦がし胡麻油和え、煮物はネトネトの里芋とエグ味のない蓮根、甘味豊かな人参にブロッコリーと椎茸。

さらに稗（ひえ）と人参、牛蒡（ごぼう）、玉葱に豆乳を合わせたクリームコロッケ、旨みのある白身魚・金頭（かながしら）の南蛮漬けには、シャクシャクの生紫白菜とカリフラワーを添えて、市販品のようなベタベタ

した甘みがない柚子味噌がかかる。

　海辺の宿だから刺し身の桶盛り（真鯛、勘八＝かんぱち、金目鯛）や、鶏魚（いさき）の煮付けも付いた。北大路魯山人の言葉を借りれば、これだけ「調子の高い」野菜料理を味わったのは、過去にそれほど記憶がない。野菜が旨過ぎて、天然の魚介類が霞むほどであった。そうして最後は大根醤油漬け、紫（ゆかり）飯、磯海苔の味噌汁で締め。大満足。

　翌朝食の主役は炊立ての無農薬ご飯と若布の味噌汁。これに紫白菜の胡麻油和え、鯖の竜田揚げ、蓮根金平、冷奴、梅干、胡瓜漬け、そして平飼いの有精卵の生卵。

　生卵は目玉焼きや卵焼きにもできるが、筆者はＴＫＧ（卵かけご飯）で味わった。黄身が実に鮮やかな色で、白身もこってりしている。これがさっぱり目の自家製醤油に合って、あっという間に胃袋へ滑り込んだ。

「今後は自家栽培の玄米を使った一汁三菜のデトックスコースなども考えていきたい」
　とご主人の稲田さん。女将の真由美さんはエスティシャンでもあり、平日にはアロマオイルボディケアも体験することができる。
　南房・館山市にあってオーガニック野菜尽くしを味わえる民宿、ということにも驚いたが、鮑（あわび）と栄螺の壺焼きが付くプラン（一泊二食一万四一五〇円～）も用意している。海鮮もしっかり味わいたいという向きにもおすすめだ。
　またもやファーストクラス民宿を発見したなぁ、という思いがする超推しの一軒であった。

鮮度は超抜群！ 食膳の房州海老の頭が歩く

千葉県・南房総市白浜

漁師民宿 まきの

『一泊二食……八八〇〇円～
その他のアメニティ＝バスタオル、ドライヤー』

JR 内房線館山駅からバス約 35 分、安房横渚下車徒歩 15 分
館山自動車道富浦 IC から約 30 分

千葉県南房総市白浜町滝口 7209-4
☎ 0470・38・3896

房総半島最南端に立つ野島埼灯台から歩いても一五分ほど、海岸通り沿いにある宿で、海側客室からは白波弾ける海を見わたせる。

建物はまさに「ザ・民宿」の佇まい。正直言って館内の古めかしさは隠せないのだが、ロビーも客室も非常に清潔である。特に三年ほど前に新しくしたばかりのトイレはピカピカだ。

「もう、気が付いたらトイレばっかり掃除していますね」

と笑う女将の牧野寿子さんはとても気さくで、大変なきれい好きだということが分かる。この女将さんがいてこそのファーストクラス民宿だと言っても良いだろう。

この民宿、筆者は懐かしい故郷に帰ってきたような気分になるのである。それは個人的な民宿原体験が、そのような宿だったからかもしれない。当時の民宿と言えば襖で仕切っただけの客室で、鍵もかからなかったものだが、この宿は「昔ながらの」

とは言っても客室は個室だし、ちゃんと鍵もかかる（鍵が必要な場合はフロントで申し出ること）。

客室は全一三室で、すべてバス・トイレ・洗面所がなく、共同になる。布団敷きもセルフ。客室の造りも素朴な和室で、気取ったところはないものの、タオル、バスタオル、浴衣、歯ブラシセットは完備している。

風呂は内風呂が二つあるが、二〇二三（令和五）年一月の取材時点では、大きい方の浴室の湯船をリニューアルしたばかりで、小さい方も改装中だった。同年四月一日からは、ナトリウム―塩化物・炭酸水素塩泉の南房総温泉が導入され、天然温泉民宿になる。入湯税一五〇円が別途必要になる。

風呂の撮影後にそのまま入浴し、玄関外で一服、と思ったら、ご主人の寿彦さんが、

「外で吸うことになっちゃうんで、なんだか申し訳ないですねえ」

と声をかけてくれた。

「いやいや、今やどこの宿でもそうですよ」

と応えて、またしてもほっこりした気分でタバコを燻（くゆ）らせた。

食事は、夕朝食ともに広間でいただく。最大の魅力である夕食は、通常コースのほかに房州海老（伊勢海老）の姿造りがつくプランでも一万一〇〇〇円～と良心的だ。前出のご主人・寿彦さんと息子の博貴さんは素潜り漁師であり、驚くほど新鮮な房州海老や鮑が食膳に上る。

取材日も房州海老姿造りのコースをチョイスしたが、撮影中にびっくり！　なんと、姿造りにした房州海老の頭だけが、ギチギチと音を鳴らしながら歩き始めたのである。

　かわいそうだ、などということは言いっこなし。撮影後にはさっそく透き通った身を醤油に付けて口に放り込む。ぷりぷりの食感、噛み締めるほどに甘味が出て、その鮮度に感激した。

　料理はほかに、鯵たたき、真蛸、蒸し鮑、鰹、障泥烏賊（あおりいか）、平鱸（ひらすずき）の刺し盛り、栄螺壺焼き、茹で房州海老、鴨ロース、槌鯨（つちくじら）竜田揚げ、渡蟹（わたりがに）や牡蠣、菜の花などが入った鍋、赤魚焼き、紅白膾（なます）など。最後は白飯で締めて、水菓子は林檎。旨いビールと日本酒を飲み、おなかいっぱい、肝臓も大満足（笑）だった。

　翌朝食も民宿らしい料理のオンパレード。前夜、姿造りにした房州海老頭の味噌汁、焼き鯖、焼き海苔、卵焼き、ハムとキャベツの千切りサラダ、ひじき煮付け、茄子の煮物、

梅干しと大根皮の漬物。いやはや、白飯が進むこと。

　コンパクトに皿盛りにしてあるので写真的にはこぢんまりしているが、手作りの料理はやはり良いものである。量が多過ぎないのも糖尿病を抱える身にはありがたい。それでも自宅でこんな朝飯が出たら食べ過ぎてしまうだろう。

　食後は部屋で休んでから、早めに荷物をまとめてチェックアウト。女将さんが、

「ずいぶん早いですね」

と笑った。実はこの日、房総半島の民宿に六連泊した最終日で、自宅が恋しくなったのである。

　帰りに古女房へのお土産の一つでも買って行こう、と思いつつ、荷物を抱えて広い駐車場に停めたマイカーへ向かった。

四條流包丁人が作る豪快&繊細な海鮮三昧

千葉県・南房総温泉

海辺の料理宿　政右ヱ門

一泊二食……一万八八五〇円～
その他のアメニティ＝バスタオル、カミソリ、ドライヤー、メイク落としなど

JR千倉駅からバス約10分、忽戸下車徒歩5分
館山自動車道富浦ICから約30分

千葉県南房総市千倉町忽戸497
☎0470・44・4071

南房総市千倉町には、料理の神様を主祭神に祀った日本で唯一とされる神社がある。高家（たかべ）神社というのがそれで、ここでは毎年五月一七日、一〇月一七日、一一月二三日に「庖丁式」が奉納される。儀礼では包丁とまな箸を用いて、いっさい食材に手を触れずに魚などが捌かれる。その儀礼に烏帽子（えぼし）、直垂（ひたたれ）姿で古式に則った包丁捌きを見せているのが、ほかならぬこの宿のご主人、堀江洋一さんだ。

堀江さんは四條流師範の包丁人で、民宿の料理にもその伝統の技が存分に活かされている。今回は宿の一番人気という「磯祭りプラン」（一泊二食二万二一五〇円～）を奮発したのだが、とにかくその、豪快と繊細が同居した海鮮料理の数々には舌を巻いた。

刺し身舟盛り（写真は二人前）は赤矢柄（あかやがら）、鶏魚（いさき）、金目鯛、栄螺、房州海老（伊勢海老）、

宗太鰹（そうだがつお）、塩釜産天然本鮪大トロの大迫力。

そして鮑の踊焼き（一人一個）、マヨネーズと生クリームのオリジナルソースで焼いた房州海老のテルミドール、槌鯨と鱚（きす）の天ぷら、海老と里芋の炊合わせ、黒豆と金箔を飾った柿白和え、金目鯛や地蛤（はまぐり）などが入った鍋、栄螺の壺焼きと続く。

さらに、房州トマトの洋風なめろうカプレーゼ風は、単なる冷やしトマト的なものだと思ったら、なんとトマトの中にモッツァレラチーズと茹でたジャガイモや生ハムなどが射込んであった。上にかかったトマトのジュレも繊細な味わいだ。

さらに全プランの夕食に「サービスで」出るという郷土料理なめろうは、日替わり鮮魚（この日は真鯵）をたたいて薬味と味噌で和えたもの。

これには七味唐辛子酢、梅ふりかけ、冷や汁が付いており、そのまま味わっても七味酢を付けて食べても絶品。最後には残ったなめろうをぬく飯に適宜載せて梅をふりかけ、冷や汁を注いでサラサラといただく。

　まだ続く。これも「サービス」という握り六貫（平目昆布締め、海老、障泥烏賊、天然本鮪大トロ、宗太鰹漬け、穴子）と来て、自家製お新香、抹茶ケーキのデザートまで。

　ボリュームがあるだけでなく、どの料理も素材が持つ旨味を素直に引き出している。四條流師範のなせる技とも言えるが、食材の鮮度は海辺の民宿ならではの醍醐味だと言えるだろう。魚介類そのもののレベルが、普段味わっているものとは全然違うのである。

　翌朝食もご馳走だ。房州海老頭の味噌汁に日替わりの干物（この日は真鯛！）、障泥烏賊バター焼き、小鉢四品は蛸の柔らか煮、鮪山かけ、梶木鮪（かじきまぐろ）の酒盗、金平牛蒡。さらに焼売やサラダ、湯葉煮と胡麻豆腐、焼き海苔、生卵（目玉焼きにもできる）、長狭（ながさ）米の白飯。大食いが自慢の筆者も生卵を残した。これを食べるとお代わりが四杯になってしまう。

　風呂は男女別内風呂のみだが、ナトリウム―塩化物・炭酸水素塩泉の天然温泉で、加水・加温・循環・塩

素消毒ながら、肌にまとわり付くような柔らかな湯だ。

　建物は民宿らしい小規模なものだが、館内も客室も素晴らしく清潔。部屋数は全六室、うち四室は海向きで、窓の向こうに忽戸（こっと）海岸の波濤を望むことができる。五室はトイレ・洗面所付き、一室はバス・トイレ付きだ。

　民宿としては強気な値段設定だが、同じものを旅館やホテルで味わうのは、たとえ同じ金額を出しても無理な話。なにしろ料理の神様に仕える包丁人が、最高の素材を最高の技術で料理しているのだから……。

　夕食も朝食もあんなに食べたのに、帰途、まったく胃もたれしなかったのは、脂っこい料理がほとんどなかったからだろう。

　帰りに玄関の外まで出て、筆者の車のバックミラーから姿が消えるまで手を振ってくれた女将さんの天真爛漫な笑顔も、ずっと目の奥に焼き付いて離れなかった。これまた民宿の醍醐味だろう。

今や超高級品の鯨料理フルコースを満喫!

千葉県・南房総市和田浦

四季の宿　じんざ

一泊二食……九〇〇〇円〜
その他のアメニティ=バスタオル、カミソリ、ドライヤー

JR内房線和田浦駅から徒歩すぐ
館山自動車道富浦ICから約20分

千葉県南房総市和田町二我浦600-4
☎0470・47・2252

南房総市和田町は、「和田浦」という名前の方が知られている。ここは和歌山県太地(たいじ)などと並ぶ、日本に残る数少ない沿岸捕鯨基地なのである。

対象となっている鯨は昨今の捕鯨解禁以前も捕獲が許されていた種類で、和田浦では今も昔も夏には「槌鯨」の捕鯨が行われて来た。日本人にとって鯨は太古の昔から貴重なタンパク源であり、和田浦はその歴史を今に伝える重要な土地と言っても過言ではない。

ちなみに筆者は、学校給食に鯨の竜田揚げや鯨カツがたびたび出された最後の世代である。当時はまるで旨いとも思わなかった。なにしろ非常に肉が硬くて、先割れスプーンが捻じ曲がるほどだった。

鯨ベーコンも大きなパック入りが一〇〇円くらいで売っていた。これを辛子酢醤油で頻繁に食べたことを覚えている。あの頃は「普通の(豚の)ベーコンが食べたい」と思ったもの

だが、今や鯨ベーコンは庶民には高嶺の花。スーパーなどでは、真空パックの少量が一〇〇〇円前後で売っているという具合だ。

食べられなくなると、食べたくなるのが人の常。思い出や郷愁を鯨肉にまぶして食べると、味わいも格別のはず。そう思う方にこそおすすめしたいのがこの民宿である。

正直言って建物は古いし、館内も不潔ではないものの、至極清潔感でいっぱいというわけでもない。風呂も中小の内風呂が二つあるのみで、掃除は行き届いているが、いかんせん古いままである。それでも旅行ネットサイトでの口コミ評価は非常に高い。それだけ鯨料理に憧れる人が多いということか。

「好きな方は、大好きなようです。毎月食べに来られる方もいらして、すでに3ヶ月先まで月イチでご予約いただいていますね」

そう話すのはご主人の石井英毅さん。今や信じられないくらいの高級品になった鯨料理を、この民宿ならフルコースでも一泊二食一万二一〇〇円〜で味わうことができる。

食事は夕食、朝食とも部屋食でいただく。そして愛煙家の筆者にとってありがたかったのは、なんと客室で喫煙が可能なのである。もっとも、食事中はまったくタバコを吸わない

のだが、食後の一服は格別である。

まず「非常に上品なモツ」といった味わいのミンク鯨の百尋（ひゃくひろ＝腸）の塩茹で、脂ギトギトではない畝須（うねす）ベーコン（鯨ベーコン）、鯨肉を醤油と味醂などで味付けして干した鯨のタレの珍味三種と、関西では「オバケ」とも呼ばれる尾羽（さらし鯨）の辛子酢味噌がけ。

刺し身はミンク鯨の赤身（柔らかでクセも臭いもほとんどない）と本皮（コリコリしていて、噛み締めていくと脂がとろける）、さえずり（いわゆるタン＝舌。旨みが濃い）、ハツ（心臓。キメが細かくシコシコ）、ニタリ鯨の尾の身（上品な脂の味わい）、槌鯨の胸肉の漬け（柔らかく、甘めのタレが旨い）。

鯨の握り寿司も付いた。写真左から、ミンク鯨の赤身、ミンク鯨の本皮、ニタリ鯨の尾の身、ミンク鯨のさえずり、槌鯨（胸肉）の漬け。

さらに鯨カツ、竜田揚げ、焼肉、そしてほのかな甘酢が爽やかな南蛮漬け。これらはすべて肉質が柔らかい槌鯨を使用。

カツも竜田揚げも思い出の味のはずだが、給食のそれとは比べ物にならないほど柔らかく、嫌な臭いも皆無。しかし噛み締めていくほどに、ジビエにも共通する独特の香りが口の中に広がってくる。これだよ、これ！　鯨の味だ！

最後は、さえずり、水菜を中心とした野菜類、うどんが入ったハリハリ鍋。水菜の食感がハリハリしているからこの名がある。

このほかに鯨料理以外の品も並ぶ。この日は鯥（むつ）の唐揚げに子槍烏賊（やりいか）の煮付け、めじ鮪（本鮪の幼魚）の漬け丼などが食膳をにぎわせた。魚以外にも鶏のレバー煮や砂肝炒めの小鉢もあって、食べ飽きることがなかった。

翌朝食にはさすがに鯨料理はなかったけれども、焼き鯖に浅利汁、納豆に温泉卵など、正統派の民宿朝食に大いに満足した。

一所懸命で人当たりの良いご主人の人柄に惹かれるファンも多いようだ。施設がすごく充実してはいなくとも、他の宿にはない突出した魅力が一つあれば、ファーストクラス民宿になりうるのだな、としみじみ思った。そうして、ご主人の感じの良い笑顔に送られ、爽やかな気分で宿を後にした。

自家源泉の美肌湯と旬の海山の幸を堪能する

千葉県・養老渓谷温泉郷

黒湯の小さな宿　さかや

一泊二食……九一五〇円～
その他のアメニティ＝バスタオル、ドライヤー

小湊鐵道養老渓谷駅から送迎（要確認）3分
圏央道市原鶴舞ICから約25分

千葉県夷隅郡大多喜町葛藤143
☎0470・85・0252

「うおお、めっちゃトゥルトゥルすべすべの湯！　循環・消毒とは思えねぇ！」

風呂場でかけ湯をした瞬間、思わずそう叫んでしまった。過去に四〇〇〇湯以上に入ってきた筆者だが、塩素臭はほとんど感じられない。循環だとは分かるものの、pH約九のアルカリ性温泉は久しぶりで、かなりテンションが高まった。

湯は敷地内から湧く自家源泉「さかやの湯」で、源泉温度は一二・八度。メタけい酸と炭酸水素イオンの項目で温泉に該当する、いわゆる泉質名が付かない温泉だが、いい湯であることは間違いない。溶存物質合計が八一〇ミリグラムあるので、もう少しで泉質名が付く療養泉である。これを加水なし、加温・循環・消毒で提供している。黒湯を謳っているが、実際には淡黄色透明の湯で、先述の通り素晴らしく滑らかな湯である。

「全国各地の温泉に入ってきたというお客さまに、いい湯だね、と言

われます」

と女将の四倉ひろみさん。風呂は二人用ほどの内風呂と、三、四人用程度の内風呂があり、コロナ禍の現在は入浴中の札をかけて貸切で入浴するシステム。一六時〜二二時と、朝六時〜九時に入浴可能だ。

湯上がりに館内の喫煙室（があるのだ）でタバコを一服し、客室に戻ってひと休み。全七室の客室は衒（てら）いのない和室で、トイレや洗面所も共同（二室のみトイレ付き）だが、今回泊まった部屋には窓辺にカウンター席があった。清掃も行き届いている。布団敷きもセルフだが、そそくさと布団を敷いてゴロンと横になったら、うとうとと寝てしまった。

目覚めたら一八時前で、もう夕食である。宿は房総半島でも山あいに位置しているが、夕食には海の幸も並んだ。なにしろ海まで車で一時間もかからないのだ。夕食の写真は撮影のためにほぼ全品を並べてもらったが、実際には温かいものはあとから順に供される。

まず食前酒に自家製李（すもも）酒、突出しの三点盛りは生ハムにトマトと蕗（ふき）の薹（とう）を添えたもの、赤蕪や大根の漬け物、そして特製鮟肝（あんきも）ピリ辛炒め。さらに紫芋と紅あずまのチップス、長芋の葱おかか和え、刺し身皿盛り（鮪、サーモン、北海水蛸、太刀魚）。

酢の物は走りの蛍烏賊（ほたるいか）と酢蛸、蓮根に人参、葉玉葱。椎茸の香りが良い茶碗蒸しとローストビーフサラダ、魣（かます）の丸揚げはカラッと揚げてあり、中骨までポリポリと味わえた。

最後に天ぷらで、片口鰯（かたくちいわし）、南瓜（かぼちゃ）、蓮根、蕗の薹、葉玉葱、エリンギ。締めは自家栽培のコシヒカリと豆腐の味噌汁。いやはや、実に満足であった。

当日はかなり冷え込んだのだが、ぬくぬくとした清潔な布団にくる

まってぐっすりと眠り、翌朝は七時に自然と起床。目覚めの一服のあと歯を磨いて朝食へ向かった。

テーブルに並んだのは典型的な民宿朝食で、炊立ての自家栽培コシヒカリ白飯、大ぶりのお椀に入った大根と人参の味噌汁、納豆、焼き海苔、ハムエッグのサラダ添え、筍と大根、ブロッコリーの炊合わせ、茎若布の和え物、真鱈の子煮付け、板わさ、白菜と大根の漬物など、おかずが盛り沢山。

糖質オフを心がけているのに、結局、三杯飯をお代わりした。いかんなぁ（笑）。

朝食後、一時間ほど休憩してから、再び風呂にザブンと浸かった。ほんの五分ほどの入浴だったが、体の芯から温まり、冷え冷えだった足先や手の指先もポカポカ。汗が引くのを待って宿を辞したが、ツルツルの湯の記憶は、自宅に戻るまでずっと肌に残っていた。

コラム1
民宿と旅館、ホテルは何が違う？

本書でご紹介している「ファーストクラス民宿®」は、旅館やホテル顔負けの設備やサービスを誇る宿も多い。それでも、あくまで「民宿」を名乗っている施設を取り上げている。では、旅館・民宿・ホテルの区別は、いったいどのような定義になっているのだろうか？

法的な定義を説明すると、宿泊営業は旅館業法で次の三つに区分されている。

一．旅館・ホテル営業＝施設を設け、宿泊料を受けて人を宿泊させる営業で、簡易宿所営業及び下宿営業以外のもの。

二．簡易宿所営業＝宿泊する場所を多人数で共用する構造および設備を主とする施設を設け、宿泊料を受けて人を宿泊させる営業で、下宿営業以外のもの。

三．下宿営業＝施設を設け、一月以上の期間を単位とする宿泊料を受けて人を宿泊させる営業。

条文を読む限り、「民宿」の文字はどこにも登場しない。「ペンション」も然り。つまり、現在の法律には、ホテルと旅館、民宿、ペンションなどに、それぞれ個別の定義がないのである。

そうは言っても、民宿は「旅館・ホテル営業」に当たることが多い。この場合は原則として人のいるフロントを設ける必要があること、客室の広さは七平方メートル以上（ベッドルームの場合は九平方メートル以上）などの決まりがある。だが結論から言うと、旅館やホテルと民宿の違いは、宿の名乗りの問題に過ぎないのである。この件について厚生労働省の担当者に確認したが、

「おっしゃる通り、個別の定義がないので、分けて当てはめることができないんです。経営者様が旅館・ホテル営業として営業許可を取るか、フロントを設置するのは難しいので簡易宿所として許可を取るか、ということになってきます。どう名乗るかに関しては、お客様相手のご商売ですので、クレームに繋がるような誤解がないようにご注意いただければとは思います」

とのことだった。

このような次第だから、ホテルや旅館に勝るとも劣らない「ファーストクラス民宿®」が多数存在することになるわけだ。

一方、それだけの魅力を持ちながら、なぜ「民宿」という名乗りにこだわるのか？　これは宿ごとに事情が違うようで、はっきりしたことが分からない。だが、各地の民宿を取材してきた筆者の感覚では、

「トイレや洗面所が共同で、布団敷きもセルフなのに旅館とは名乗れない」

という経営者の生真面目な考えがあるようにも思う。本書で紹介した民宿では、布団敷きを宿の方がやってくれるところも少なくないが、これは客室数が少ないなどの関係で、家族経営でも対応が可能だからである。しかし、トイレや洗面台を備えた客室に改築するのには莫大なお金がかかる。宿を全面改築するなど、何らかの大きなきっかけがない限り、民宿から旅館に名乗りを変更するということは、経営者にとってもとても冒険なのだろう。

とは言え、今回取り上げた「ファーストクラス民宿®」は、古い建物であっても、こまめに水回りを改築するなどして、清潔で快適な宿にすべく努力をしているところばかりである。

こうした宿はホスピタリティも良い。民宿に限ったことではないものの、「良い民宿」を「ファーストクラス民宿®」たらしめているのは、やっぱり「人」なのである。

眼下に壮大な雲海望む古民家のお屋敷

展望の宿　すぎな

『一泊二食……一万円〜
その他のアメニティ＝ドライヤー、メイク落としなど』

埼玉県・秩父市

西武秩父線西武秩父駅から
タクシー約10分
皆野寄居道路皆野大塚ICから
約20分

埼玉県秩父市久那1036
☎0494・23・2003

朝五時にセットした携帯電話のアラームがけたたましく響いた。布団を跳ね上げて飛び起き、窓の外を見る。思わず、うおおお、と静かな声が出た。

山の端に朝焼けを映し、眼下に壮大な雲海が広がっていた。まさに絶景。早起きは三文の得とはこのことだと思った。

前日に宿に着いたときにはひどい雨だった。それでも、雨に濡れそぼちた玄関の佇まいは凛とした趣を漂わせていた。

暖簾をくぐって中に入ると三和土（たたき）のスペースがあり、靴を脱いで掛軸のかかった畳の間に上がる。筆者はすでに、「え？　ここ民宿なの？」という驚きでいっぱいだった。

ここから左に曲がったところにソファが置かれたロビーがあり、無料で飲めるコーヒーマシンもある。客室に続く廊下も風情があり、まさしく純和風の古民家そのもの。

客室は全六室だが、現在はコロナ禍のために一日四組限定。その客室、民宿だというのになんと全室トイレ・洗面台付きである。二階客室の窓からは中庭が見えるほか、遠く山並みとその手前に市街地を望むことができる。

そもそもこの建物は、バブル期に接待専用の割烹旅館だったもの。売りに出されていたその建物を女将の宮﨑尚子さんが買って、誰でも気軽に泊まれるようにと、あえて民宿としての営業を決めたそうである。

あまりの施設の充実ぶりに、むしろ意外に思えてしまうのが、布団敷きがセルフだということ。筆者は部屋食でない限り、到着したらすぐに布団を敷いてしまう。面倒なことはさっさと終わらせておくのである。

布団を敷いたあとで風呂へ向かった。渡り廊下で繋がった離れ棟にあ

る風呂は男女別で、大きな窓が開放的な内風呂が各一つある。清潔感も申し分ない。

湯は天然温泉ではないが、広々とした浴槽で手足を伸ばして入浴でき、実に心地良い。アメニティとしてバスタオルは用意されていないが、レンタル（一〇〇円）できる。

食事は夕朝食ともに食事処で味わう。取材日の夕食には、名物の山女魚（やまめ）の炊きものをはじめ、地元の豆腐店から仕入れるすくい豆腐の冷奴、野菜を中心にした天ぷら、豚味噌漬け焼き、南瓜（かぼちゃ）

や人参、薩摩揚げの煮物など、女将さん手作りの品が並んだ。

　割烹料亭のような料理ではないが、きちんと手間をかけて作っているので、どれを食べても旨い。

　特に山女魚の炊きものは、一度素焼きにしてから半日かけて炊き、一晩寝かせてから供されるもので、頭から中骨まで余さず食べられる。甘露煮のように甘くはなく、あっさりした味付けに思わず唸った。冷奴も味が濃厚で、醤油をかけずに食べてもいい。

　夕食後にゆっくりと休憩して、再び風呂にさっと入浴。夜は二二時まで、朝は六時半〜九時に入浴が可能である。

　翌朝の雲海を期待して早めに床に就き、翌朝五時に目覚めたのは冒頭の通り。壮大な雲海の景色は、六時半ごろまで刻一刻と表情を変えながら続いた。前夜に雨が降って翌朝に晴れると雲海が見られる可能性が高いそうで、今回はまさに条件がピタリだった。

　雲海が途切れたら朝風呂に入浴。湯上がりに、中庭を望む絶好の場所にある喫煙所で一服を楽しんだ。

　その後部屋に戻り、歯を磨いてスッキリしてから朝食へ。食膳に上ったのは、若布（わかめ）と油揚げの味噌汁、鯖味噌煮、納豆、温泉卵、おからの煮物、大根と胡瓜の明太サラダなど品数も豊富。当然、炊立て白飯のお櫃は空になった。
　食後に中庭を眺めながら再びゆっくりと一服し、九時過ぎに宿を辞した。アクセスは都心部からも二時間程度。身近な、とびっきりのファーストクラス民宿だった。

孤軍奮闘の女将さんにファーストクラスの矜持

埼玉県・秩父郡小鹿野町

古民家の佇まい 山あいの宿 やしき

一泊二食……一万二五〇〇円円～
その他のアメニティ＝バスタオル、カミソリ、ドライヤー（洗面所にあり）

西武線西武秩父駅からバス35分、小鹿野町役場乗換え、12分やしき前下車（自由乗降区間）徒歩すぐ
皆野寄居道路皆野大塚ICから約25分

埼玉県秩父郡小鹿野町三山338
☎0494・75・0539

関東から東北にかけてひどい雪に見舞われた日だった。雪の積もった駐車場から宿の玄関に向かうと、アプローチに古シーツが敷いてあり、少しでも歩きやすいように、という配慮が感じられた。経験上、このような宿には間違いがない。

玄関を開けてロビーに上がると、炭火の火鉢に鉄瓶がかけられて、暖かな湯気が立ち上っていた。

宿帳に名前を書き、部屋に案内される。これも民宿では珍しいこと。

建物は築一二〇年以上という古民家だが、館内は掃除が行き届いている。宿の前には日本庭園が広がっているが、雪のためにまるで水墨画のような雰囲気だった。これはこれで趣深かった。

客室に通されるとすでに布団が敷いてあった。一人客の場合は布団を敷いておき、二人以上の場合も、押入れの布団にシーツを掛けて、すぐに敷けるようにしてあるという。客室はすべて和室で全四室。

荷を解いてまずは一服。二階角の一室が喫煙所になっており、大雪の中、外でタバコを吸うのだな、と思っていたので感激した。

　さて、まず書いておかねばならないことがある。この宿、特定日を除いて金・土・日曜日のみの営業なのである。その週末限定の民宿を訪れるのは、意外にもネット予約の一見客が多いという。

「泊まってみたかった、っておっ

しゃるんですよ。遠いところでは、名古屋とか、四国からとか、北海道から来られたお客様もいらっしゃいます。びっくりです」

　と笑うのは女将の美重子さん。聞けば、経営者はお兄さんとのことだが、実際は女将さんがほぼ一人で切り盛りしているとか。布団敷きから

料理のすべて、配膳そして片付けまでだから、大変である。

　夕食は十八時半頃から。筆者はそ

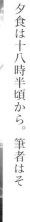

の前にひと風呂浴びてご機嫌だった。風呂は二階から外に出た離れ棟に内風呂が一つ。ボードに名前と時間を記入して貸切で入るシステムだ。湯は光明石の人工温泉。造りはかなり古いが、掃除は行き届いてい

る。二〇二三年にはリフォームの予定もあるとのこと。夜は二二時まで、朝は六時から入浴が可能である。

存外に心地よく温まり、共同冷蔵庫に入っている缶ビールを飲む。料金は箱に入れる。お客を信用していないと、このような商売は成り立たない。良いお客がついているのだな、と思った。

期待の夕食は食事処で。写真はテーブルに料理を並べて撮影したが、実際はお膳でまとめて配膳される。それでも温かい料理は温かい。

並んだのは山独活（やまうど）の金平、菜の花のおひたし、銀鱒（ぎんます）の刺し身とたたきに岩魚（いわな）の卵を添えたもの、自家製の柚子（ゆず）刺し身蒟蒻、鶏の手羽元大根煮、虹鱒（にじます）塩焼き蕗（ふき）味噌添え。

そして、名物のいの豚鍋は味噌味で、白菜や焼き豆腐、榎茸、平茸、長葱、長芋、人参、自家製のつくねやすいとんなどが入った具沢山の一品だ。これに黄色トマトのレモン漬け、茸（きのこ）の炊込みご飯、水菓子は苺（いちご）。おなかはいっぱいだったのだが、胃もたれもなかったのは、ヘルシーだからだろう。

部屋でひと休みして、二二時ごろにタバコを吸いに行くと、階下でザッザッという音がする。窓から外を覗くと、女将さんが玄関前の雪かきをしていた。感動した。

翌朝食は八時から。食膳に上ったのは、なめこと若布と豆腐の味噌汁、焼き鮭、黒豆納豆、温泉卵、蒸し鶏とトマト、胡瓜、ブロッコリーのサラダ、切り干し大根の煮物、秩父名物のしゃくし菜漬け、水菓子はオレンジ。朝から大盛り二杯も白飯を食べて大満足。

会計を済ませると女将さんが、

「車の前の部分だけですが、雪をかいておきました」

と。かゆいところに手が届くような、素敵なもてなしの宿だった。

空から生ビールが降りてくる貸切露天

地酒の宿　中村屋

群馬県・四万温泉

「一泊二食……九六五〇円～
その他のアメニティ＝ドライヤー（洗面台にあり）、メイク落としなど」

JR上越線中之条駅からバス約40分、四万温泉駅下車徒歩3分
関越自動車道渋川伊香保ICから約1時間

群馬県吾妻郡中之条町四万237-33
☎0279・64・2601

二つある貸切風呂の一つに入浴中のこと。額に汗が滲んだところで内湯から露天風呂に出て、檜の湯船脇のインターホンを押す。

「すみません、生ビールを一つください！」

すると、ほどなくアルミ籠に入った生ビールが、なんと空から釣瓶（つるべ）仕掛けのようにスルスル降りてくるではないか！

さっそく湯船の中で立ち上がり、籠に入ったグラスから黄金の液体を喉に流し込む。ングング、プハー！　まさか露天風呂で生ビール（六〇〇円）を味わえるとは！　そんな呑兵衛の夢を叶えてくれるのがこの民宿なのである。

このアイディア、隣接する店舗で酒屋も兼業するご主人の中村正さんが、群馬県内の宿で露天風呂に生ビールを提供しているのを真似できないかと考えたことに始まる。

民宿は四万（しま）川に面した斜面に立ち、件の露天風呂は地階、生

ビールサーバーは一階にある。そこで「ドリンクを上から吊り下げればいいんじゃないか」と発案。一八年ほど前から始まった名物サービスで、冬は木製徳利に入った熱燗（六〇〇円）も人気。ほかにソフトドリンクなどもある。

提供時間は一四時～二〇時半（土曜は～二一時）、朝は七時～七時四五分だが、民宿の食事用意のため、一七時四五分～一九時半は注文を休止している。よって早めのチェック

イン（一四時から可能）がおすすめ。

このサービスは二つある貸切風呂で利用でき、風呂はともに小さな大理石造りの内湯と、露天風呂を備えている。大きい露天風呂の方はアメリカ産のレッドシダー製の樽風呂、小さい方は檜風呂。どちらもご主人がオークションで落札し、DIYで自ら作り上げたものだという。

湯は温度の違う二源泉を混合して源泉一〇〇%かけ流しを実現している。泉質はナトリウム・カルシウム―塩化物・硫酸塩温泉で、寒い時期には風呂上がりに体から湯気が立つほど温まる。二〇二三（令和五）年には貸切サウナ（一時間三三〇〇円）も完成予定だ。

客室は一般客室のほか、露天風呂付き客室（一泊二食一万三〇〇〇円～）一室、ワンちゃんと泊まれる露天風呂付き専用室も一室備えている。布団敷きは基本的にセルフ。

食事は食堂で味わう。一人プラス一一〇〇円で部屋食に変更可能で、お盆で運ばれてきて配膳はセルフ、

食後に器を片付け、廊下か配膳台に出しておく。夕食は二〇時まで、朝食は九時までに済ませる決まりだ。

なにしろ兼業だから少々忙しないが、代わりに大きなメリットもある。隣の酒店で買った店頭価格の酒を自室で飲めるのだ。地酒の「谷川岳とび辛」四合瓶がなんと一三〇〇円！安い！

地酒に合わせる夕食も豪華。脂の乗った馬刺し、上州豚柳川鍋、もつ

煮、酢の物、天ぷら、具沢山のけんちん汁、名水一〇〇選の湧水で育った虹鱒（にじます）の塩焼きは熱々。

締めには、新潟県柿崎のコシヒカリを自家精米した米を、一人釜で炊いた艶々の白飯。

酒も白飯も余さず胃袋に収めて器を片付け、ゴロリと横になると、そのまま朝まで眠ってしまった。確か寝たのは二二時くらい。

翌朝は爽やかに目覚め、朝飯もまた炊き立て釜ご飯だ。肝臓に優しい蜆（しじみ）汁、温泉卵、納豆、焼き鮭、ハムと野菜のサラダ、金平牛蒡（ごぼう）やひじき煮などの小鉢、デザートなどが並んで、食べ切れないほどだった。

アメニティも充実しており、バスタオルはレンタル（二〇〇円）できる。二階にある洗面台はドアが閉まる個室式。隣には一人用の喫煙室もある。温泉風呂は一晩中入浴できるし、朝も入浴可能。名物の酒出し露天風呂以外にも魅力盛りだくさんの民宿だった。

濃厚もつ鍋と手作り甘味に癒される田園の宿

群馬県・宮山温泉

民宿　休み石

一泊二食……九〇〇〇円～
その他のアメニティ＝ドライヤー

JR上越線沼田駅からバス約20分、田園プラザ前下車徒歩10分
関越自動車道沼田ICから約10分

群馬県利根郡川場村生品2515-1
☎0278・52・2350

沼田ＩＣから宿へ向かう道すがら、左右に蒟蒻畑と林檎畑が点在していた。沼田駅からのバスは自由乗降制で、運転手に「休み石まで」と告げると停まってくれるそうである。川場村はそんなのどかな田園の里だ。

宿が建っているあたりは、古くは旅人や飛脚（ひきゃく）が往来する地だったという。そうした人々が腰を下ろしてほっとひと息ついたのが大きな平たい石。これが宿名の由来で、その〝休み石〟は、今も宿から一〇〇メートルほど離れた道端に残っている（七三ページ参照）。

宿の構えはいかにも民宿然としているが、館内も客室も清潔で居心地が良い。この建物は大工だった大旦那がこだわって建てたものだという。杉をふんだんに使用しており、木の温もりも魅力的だ。トイレは共用だが、男女の間に仕切りが立っている。洗面台も三つあり、こちらも清潔感たっぷりである。

部屋に荷を解いたらひとまずタバコを一服。二階の非常口を出た階段の踊り場に喫煙所があり、これは愛煙家にはありがたい。

ひと息ついて、さっそく風呂へ向かった。湯は天然温泉。この宿は宮山温泉の元湯で、いわゆる一軒宿のいで湯である。

源泉二三・一度の冷泉を加温循環しているが、加水や塩素消毒はなし。泉質はナトリウム―塩化物泉で、塩分を含んでいるために保温&保湿効果があり、よく温まる。男女湯があるが、現在は新型コロナ禍のため、部屋またはグループごとに内鍵をかけて貸切で入浴するシステムになっている。

食事は夕朝食とも食事処で味わう。セルフの布団敷きを済ませてから食事を取れるので、呑兵衛の筆者にはうれしい限りだ。

夕食膳には名物のもつ鍋をはじめ、ピーマンの甘酢漬け、切り干し大根煮、茹で落花生、青唐辛子味噌炒め、里芋と人参の煮物、海老や茄子、オクラほかの天ぷら、マカロニサラダなどが並んだ。

衒（てら）いのない家庭料理だが、女将さんがすべて手作りしており、特にもつ鍋は「さすが名物」という濃厚な味わい。ニラとキャベツ、モ

ヤシもたっぷりと入っており、残った味噌つゆをぬく飯にかけて食べたら、思わず舌が鼓を打った。

実は全身病まみれ、血糖値も尿酸値も高い筆者としては、このプリン体はあかんのだろうな、と思うのだが、同病の方とてこの美味には抗えまい。

甘味は季節のもので、訪ねた秋の日には手作りおはぎが登場。民宿のデザートというと果物が多いものだが、最後まで手間をかけた品が並んで大いに感心した次第である。
この日の晩は一八時から夕食を食べて酒を飲み、一九時半にはもう食べ終わってしまった。普段ならまだ仕事をしている時間である。旅時間は実に健康的だ。そうして夕食後に部屋に戻って少し仕事をして、深夜〇時にはすでに眠りに就いた。

翌朝は七時に起床。朝食は七時半からで、食卓には里芋や豆腐の入った具たっぷりの味噌汁、納豆、生卵、ちりめん山椒、焼き鮭、ピーマンと茄子の炒め物、漬物に牛乳が並んだ。朝から飯が進むことといったらない。

そもそも、生卵と納豆というのが難敵である。これだけで飯のお代わりが二膳になってしまう。結局三杯飯を平らげて、おなかいっぱいだ。

朝食後に朝風呂もいただいた。風呂は、夜は二一時まで、朝は六時〜九時に入浴が可能。この日は朝方かなり冷え込んだのだが、温泉に浸かって体はポカポカになり、目もしゃっきりと覚めた。

これで湯上がりにビールでも飲んでウトウトとまどろめば、旅の朝としては理想的なのだが、あいにく車の運転がある。取材行の場合は、機材の運搬や移動効率の関係でどうしても車での移動になる。毎朝恨めしい思いをしているのだが、健康を考えると良いことなのだろう。

帰り道に件（くだん）の休み石を見学。路傍に苔むしてひっそりたたずむその姿は、長く旅人を癒してきた歴史を物語る。

泊まった民宿も、開業して三〇余年になるという。それにしては清潔な民宿だった。大工の誇りが根付いているのかもしれない、と思った。

トロトロの天然温泉と湯沢田舎料理を堪能！

新潟県・越後湯沢温泉

浦子の湯　温泉民宿　高野屋

『一泊二食……八六五〇円～
その他のアメニティ＝バスタオル、カミソリ、ドライヤー』

JR上越線岩原スキー場前駅から徒歩約５分
関越自動車道湯沢ICから約５分

新潟県南魚沼郡湯沢町土樽146-2
☎025・787・3054

データ欄をご覧いただければ分かる通りの交通至便な宿だが、表通りから少し奥まっており、隠れ家的な趣も感じられる。訪ねたのはクリスマス間際の平日だが、宿泊客の車が次々と到着し、その人気ぶりに驚いてしまった。

人気の秘密は越後湯沢の天然温泉と、ご主人の高野恭平さんが腕を振るう「湯沢田舎料理」だろう。

天然温泉浴場は男女別に内湯があるのみだが、これが民宿とは思えないほど広い。カランの数も男女湯とも八つあった。浴槽も五人ほどがのびのびと入浴できる大きさだ。

湯はpH八・二の弱アルカリ性単純温泉。加温・循環・塩素消毒ながら、ぬめっとした質感が感じられる湯で、塩素臭が鼻につくこともない。むしろ、本当に循環しているの？とさえ感じたほどである。

聞けば、源泉かけ流しも併用しているとのこと。源泉温度が約三七度なので、加温・循環もやむなしなの

だろう。しかし、このトロトロの肌触りの湯は、宿の大きな魅力に違いない。入浴はチェックイン時間の一五時〜翌朝一〇時まで可能。一九時〜二三時は鍵をかけての貸切スタイルとなる。

　夕食は前述の通り「湯沢田舎料理」を謳っているが、なかなかどうして、これが本格の会席料理なのだ。宿泊日は夕食をアップグレードして、にいがた和牛コース（一泊二食一万七五〇〇円〜）を選んだ。

　食膳に上ったのは佐渡の岩水雲（もずく）酢・鴨ロース・鯖寿司の先付け、法蓮草と油揚げのおひたし、五泉市のブランド里芋「絹乙女」と鱈（たら）白子の玉地蒸し、サクサクに揚がって頭から骨ごと味わえる虹鱒の円揚げと続く。

　その日の海まかせの刺し身は、佐渡の寒鰆（かんざわら）焼霜造り・牡丹海老・鉢鮪大トロ、メインのにいがた和牛ステーキには、南魚沼特産の巨大な「石坂まいたけ」や、超肉厚の「八色（やいろ）しいたけ」、蕪やブロッコリーも添えられてボリューム満点。

　これに吸い物（この日は出汁がしっかり利いた梅吸い）と香の物、そして食事処の一隅にはご飯のジャーが置かれ、南魚沼コシヒカリの艶々飯が食べ放題なのである。歳を重ねて食が細くなってきたことを真剣に恨めしく思うのは、まさにこのようなときだろう。

「まったく田舎料理なんかではないじゃないですか」

とご主人に聞くと、都内の寿司店「六緑（ろくろく）」をはじめ、日本料理店などで働いてきて、一年ほど前に宿を継いだのだという。なるほど、民宿料理らしからぬ会席料理の充実ぶりには、そんなバックボーンがあったのかと合点がいった。スノーシーズン以外には懐石料理プラ

ンもあると聞いた。

客室は本館に九室、増築した西館に五室。建物は古いが不潔感はない。西館は全室トイレ&ユニットバス付きである。今回泊まったのは一人泊用の西館六畳の和室だったが、それでもトイレとユニットバスが付いていた。新型コロナ禍とあって布団敷きはセルフ。夜具は清潔で、心地良く眠りに就いた。

翌朝食は七時半〜九時の間にいただく。食事処のテーブルに並んだのは、鯖味噌煮、焼き鱈子（たらこ）、ひじきの煮物、たっぷりの野菜サラダ、温泉卵、豆腐と若布の味噌汁、焼き海苔とお新香、そしてジャーいっぱいの魚沼コシヒカリご飯。筆者は朝から茶碗に山盛りで二膳も飯を食べた。

ああ、おなかいっぱいだ、と出っ張った腹をさすりながら玄関外の喫煙所で一服していると、三〇歳代後半と思しき女性客が熱心にスキーの準備をし始めた。

「よく泊まりにこられるんですか？」

と聞くと、

「はい、もう何度も」

と微笑んだ。宿の魅力を尋ねると、

「ご主人も素敵な人だし、お風呂も民宿とは思えないくらい広々でゆっくりできるし、ご飯もすごく美味しいし……」

と実にうれしそうに語ってくれた。その言葉通り、人好し、風呂良し、味佳しと三拍子そろった民宿であった。

丹精込めた自家栽培の野菜料理が激ウマ!

新潟県・南魚沼市石打

舞子の宿 和風いん越路

一泊二食……九八〇〇円~
その他のアメニティ=バスタオル、カミソリ、ドライヤー

JR上越新幹線越後湯沢駅からタクシー約15分
関越自動車道塩沢石打ICからすぐ

新潟県南魚沼市姥島新田840-1
☎025・783・2644

美食家・魯山人の表現を借りれば、まさしく「調子の高い」野菜尽くし料理であった。

夕食のテーブルに並んだのは全九品。薩摩芋を焼き芋にしたあとに豆腐に寄せた焼き芋豆腐は、もっちり、ねっとりした味わい。大根と人参と鶏肉の煮物には、秋植えのアスパラ菜が載せてある。さらに、ほぐした糸瓜に胡瓜、人参、椎茸、木耳(きくらげ)などを芥子(からし)と胡麻で和えた南魚沼の味「辛子膾(なます)」、越後もち豚の自家製ハムに生の赤大根や水菜、春菊などをたっぷり添えたシャキシャキのサラダ、同じく越後もち豚肩ロース煮には、蕪や馬鈴薯(じゃがいも)、人参、白菜、キャベツなどの焼き野菜が添えられ、野菜を徹底的に煮詰めたソースがかかっている。

とにかく主役は野菜であり、鶏肉もブランド豚肉も脇役なのだ。それぞれの野菜たちの、土の香りと内に秘めた甘さや旨みが、怒濤のごとき

迫力を持って舌を鼓打つのである。

締めには、なめこや榎茸（えのきだけ）、大根、人参、蒟蒻、鶏肉など具沢山のけんちん汁と、自家製の野沢菜と大根の漬物。大トリは魚沼コシヒカリの中でも特別に旨いといわれる塩沢米の土鍋飯。この飯の甘み、香りにはしびれた。塩を振って日本酒の肴になるレベルだ。

「米は僕が、野菜はほとんど全部、母が作ったものです」

そう話すのはご主人の小林幹雄さん。肉類などは購入しているが、野菜に関しては自家栽培率が九割を超えるという。

「冬でも野菜ごとに温度や湿度の違う場所に保存してありますので、春まで持ちます」

と母上の淳子さん。大規模旅館では絶対に不可能なことであり、家族経営の民宿だからこそ可能な芸当だ。こんなところにこそ、民宿ならではの魅力が表れる。

宿は関越自動車道塩沢石打ＩＣから約一分のところ、舞子スキー場ゲレンデの目の前に立っている。二八年前の建物とは思えないほど小綺麗で、館内も清潔感にあふれている。設備メンテは父上の英男さんが担う。接客は姉の千夏さんの役割。まさしく家族経営民宿のお手本のようでもある。

風呂は男女別の内風呂のみだが、いずれも四~五人が一度に入れるほどの浴槽で、民宿としては広々。麦飯石（ばくはんせき）を使用した人工温泉がことのほか温まった。風呂は夜二二時まで、朝は七時~八時に入浴できる。

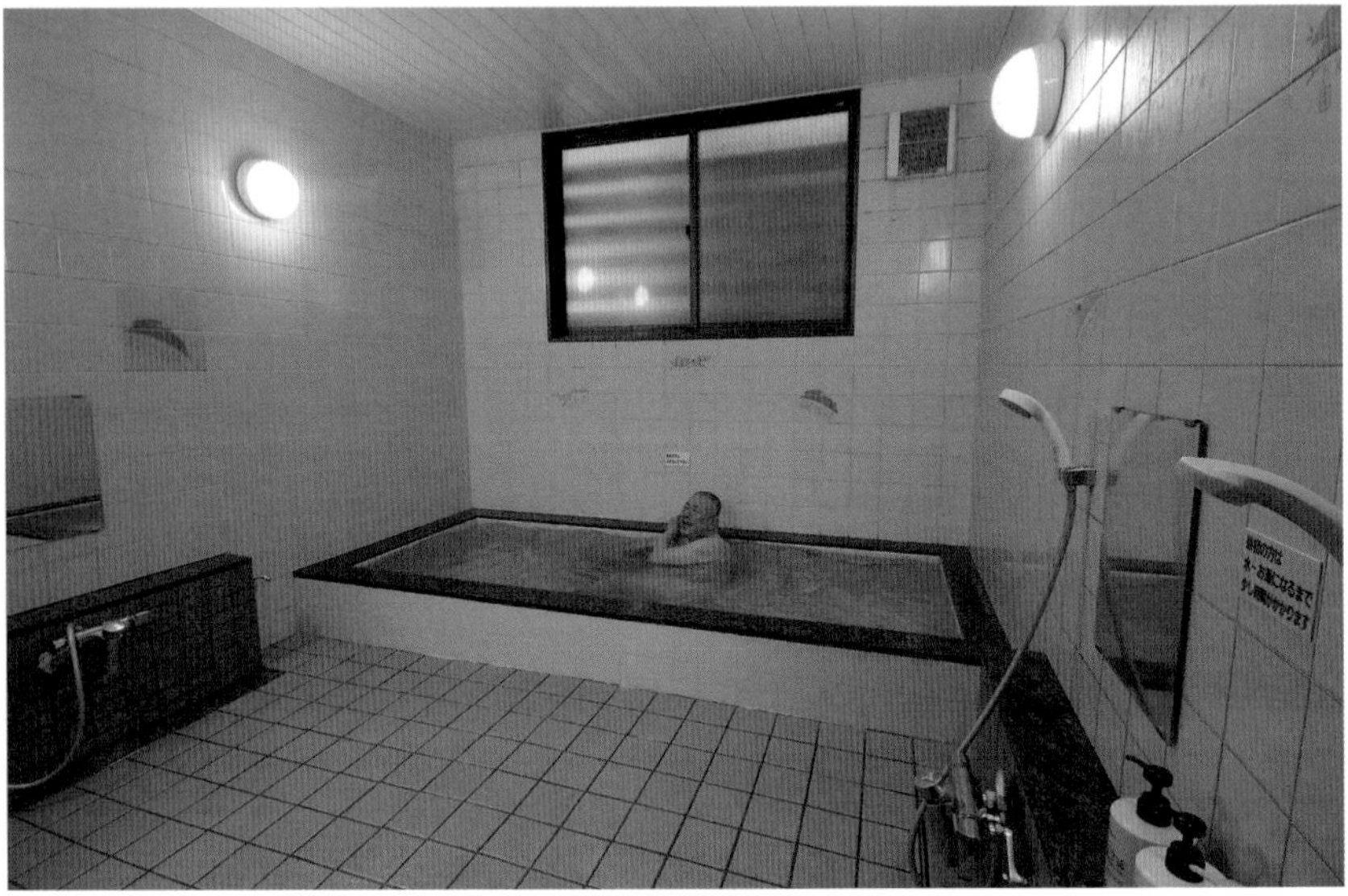

ビールや缶チューハイの自販機もあり、湯上がりの火照った体と乾いた喉を潤す、あるいは夕食後の寝酒にと実にありがたかった。

全一五室のうち一室はトイレ付きで、どの部屋も掃除が行き届いている。布団敷きはセルフだが、夜具も実に寝心地が良かった。

暖房の効いたポカポカの部屋でぐっすりと眠り、翌朝は八時前に起床。そうして、朝食に再び感激することになった。

またもや炊立て塩沢コシヒカリの土鍋銀シャリに自家栽培大根

と油揚げの味噌汁、山芋とろろ、焼き鮭、アスパラ菜のおひたし、卵焼きに茹でブロッコリー、自家製の大根と白菜の漬物、デザートにヨーグルトも付く。

さらに、テーブルに並んだ品々の一品、野沢菜などの漬物を刻んで納豆と混ぜた郷土料理「きりざい」は、まさに飯泥棒だ。ただでさえ旨い白飯が、さらに進む、進む！

ゲレンデまで徒歩三〇秒という立地ゆえ、冬はスキーヤーの宿になるのだが、春は山菜が満載、そして夏野菜に秋の新米と、野菜尽くしの魅力は四季折々の味わいを見せてくれる。冬も雪国ならではの貯蔵法を駆使して、甘みの増した野菜を味わうことができる。冬以外のシーズンには、野菜をメインに据えたコース料理プラン（一泊二食一万二〇〇〇円〜）もある。

名物料理になるものは、伊勢海老や舟盛りなどの海鮮や銘柄牛のステーキだけではない、ということを思い知らされる。筆者は何よりも野菜が大好きなので、この民宿はリピート確実である。

千夏さんの気さくなもてなしにも、心が温まる気がした。上質のホスピタリティにも太鼓判を押しておきたい。

築四〇〇年の茅葺き民家で極上の創作和食を

新潟県・長岡市寺泊

お宿 まつや

一泊二食……九九〇〇円〜
その他のアメニティ＝バスタオル、ドライヤー

JR越後線寺泊駅からバス約35分、大野積下車徒歩すぐ
関越自動車道見附中之島ICから約30分

新潟県長岡市寺泊野積10039
☎0258・75・2821

訪ねた日は吹雪だった。車のフロントガラスに霰(あられ)が吹き付け、低く厚ぼったく垂れ込める鈍色(にびいろ)の雲が日本海を覆っていた。海岸は怒濤の如く波が弾け、白泡が広がっていた。

それがどうだ、この宿に着いた途端に雲の切れ間から陽が射してきたのである。今回の旅はいいことがありそうだ、と思った。

新潟県長岡市と聞くと山あいのイメージが強いが、市内寺泊は日本海に面した港町で、「魚のアメ横」と呼ばれる魚市場通りで有名だ。その魚のアメ横からも車で一〇分ほどの野積海水浴場近くに建つのがこの宿。もともと漁師の網元だった家柄で、宿の建物も築四〇〇年以上という茅葺き民家である。

この宿には全国各地にある「八百比丘尼(はっぴゃくびくに)伝説」が残る。今ではゲームのキャラクターとしても知られるようになった八百比丘尼の生家がここだというもの

で、不老長寿を手に入れた彼女が家を立ち去る時に植えたとされる老松が、今も宿の庭に見事な枝ぶりを見せている。信じるかどうかは読者にお任せするが、歴史ロマンを感じさせることは確かだ。

宿の玄関を入ると、その八百比丘尼のように肌の美しい女将の高津一未（ひとみ）さんが出迎えてくれた。ロビーの天井には見事な梁（はり）が剥き出しになっており、四百年余の歴史を感じさせる。玄関を入って右には神棚が二つ祀られた囲炉裏の間があり、冬季以外はここが食事処となる。旧家らしい豪壮な造りは見ごたえ十分である。

客室は全八室ですべて和室。トイレや洗面所は共同となる。布団は

チェックイン時に敷いてあるか、三つ折りにしてすぐに敷けるようにしてある。

風呂は大理石造りの男女別内風呂を、入浴中の札をかけて利用する。

天然温泉ではないが、浴室は清潔で気持ちが良い。

そしてこの宿の最大の魅力は夕食料理だ。調理師学校を出て都内の飲食店で研鑽を積んだご主人の疾人（はやと）さんが作り出す料理は、あっと驚くような創作和食である。

まず五点盛りは栄螺のマヨネーズ焼き、大蒜（にんにく）味噌漬けのスティック揚げ、地場産の長藻の酢の物、クリームチーズと大根味噌漬けとカシューナッツを合わせたも

の、そして炙り〆鯖寿司。と思ったら、シャリの代わりに大根おろしが握られていてびっくり。

黒バイ貝煮や鰈（かれい）の丸揚げも旨かったが、鉢鮪とアボカドを湯葉で包んだ湯葉鮪、クニュクニュした食感がおもしろいモッツァレラと青さ海苔の茶碗蒸し、蟹酢をホイップしたものが紅楚蟹（べにずわいがに）のほぐし身にかかった蟹の泡酢、真鯛中落ちの巣籠（すごもり）など、実に手が込んでいる。

刺し身はビー玉が入ったグラスに真鯛、鉢鮪、鰤（ぶり）、炙りサーモンが盛られ、上にエディブルフラワーの花びらが舞うカクテル風。鰤大根は、大根おろしを鰤の切り身で巻いて焼き目を付け、なんとオレンジソースがかかっていて大いにたまげた。

メインのしゃぶしゃぶは、生牡蠣、生若布、だだみ（鱈の白子）、白菜。締めには真鯛の出汁茶漬けが登場した。さらに写真撮影をしていたら、大旦那の勝さんが、

「浜で今、採ってきた」

と言って神馬草（じんばそう）というシャキシャキの海藻を茹でて酒と味噌などで和えた一品が出されるなど、民宿らしいサービスにも感激。デザートは豆腐で作ったほうじ茶アイスだった。

この料理で酒が進まないわけがない。日本酒も多数そろっており、女将さんが味わいの特徴を説明してくれる。ビール一本に酒を三合飲み干して心地良く酔い、ぐっすり眠った。

翌朝食は正統派の民宿飯だった。浅利（あさり）と若布の味噌汁、焼き鮭、卵焼き、サーモンと真鯛たたき、冷奴、菜の花おひたしなどが並び、ご飯が進むことと言ったらない。

食後に庭でタバコを一服し、荷物をまとめて会計を済ませた。ご主人と女将さんに見送られて宿を出ると、前日の吹雪はすっかり止んで、暖かな陽光が降り注いでいた。

客室にハンモック！ 充実の施設で海の幸三昧

富山県・氷見温泉郷

天然温泉 浜辺の宿 あさひや

一泊二食……一万七一五〇円～
その他のアメニティ＝バスタオル、カミソリ、ドライヤー、メイク落としほか

JR 氷見線島尾駅から徒歩 5 分
能越自動車道高岡北 IC から約 15 分

富山県氷見市島尾 2195
☎ 0766・91・2045

県内でも指折りの人気を誇る島尾海岸海水浴場まで徒歩一分半。外観は和風の佇まい、館内は清潔感にあふれた雰囲気で、やはり和風の造りになっている。

玄関をくぐると、宿の方が荷物を持って客室に案内してくれた。民宿ではかなり珍しいことである。泊まった客室は和室だが、なんと窓際にハンモックが吊るされていた。

全六室の客室はこの部屋のみが和室、他は和洋室になっている。うち一室は離れの露天風呂付き客室（一泊二食三万六四五〇円～）で、驚いたことに全室トイレ・洗面台付き。客室は空の冷蔵庫も備えている。客室は二〇二一年にリニューアル、実に清潔で快適だ。

客室には布団が敷かれていたが、大人数の場合には夕食時に宿の方が敷いてくれる。その食事は朝食が食事処、夕食は人数によって食事処または部屋食となる。今回は取材のため特別に一人泊だったから部屋食で

あった。

部屋に荷を解いたら、まずタバコを一服。玄関脇に喫煙室があるのも愛煙家の筆者にはありがたい。これも今どき珍しいことだ。

ひと息ついたところで風呂へ。内風呂が三つあり、貸切で利用するシステムだが、客室のQRコードをスマホで読み取ることで、二階客室から一階の浴場に下りなくても空き状況がわかる仕組みになっている。風呂のうち一つは車椅子でも利用ができるバリアフリー。いずれも石造りの浴槽に木の縁を巡らせた造りで、やわらかな温もりも感じられる。

湯は氷見温泉のナトリウム—塩化物泉を引湯している。加温・循環・塩素消毒ながら茶色い湯の花が舞っていた。保温効果が高い泉質で、湯上がりはなかなか汗

が引かない。風呂はチェックインの一五時半から朝九時まで一晩中入浴できる。館内の自販機には缶ビールも売っており、汗を拭きながら喉を鳴らすのは最高である。

夕食には氷見のキトキトの（新鮮な）海の幸が食膳をにぎわし、ボリュームもちょうど良かった。

テーブルに並んだのは、鮪の肝煮、炙り鯖寿司、烏賊（いか）の味噌和え、鰤と蕪を麹で漬けたかぶら寿司の前菜盛り。お造り盛りは皮剥（かわはぎ）、赤矢柄（あかやがら）、めじ鮪（本鮪の幼魚）、甘海老、バイ貝、障泥烏賊（あおりいか）、そして氷見の寒鰤。さらに寒鰤のしゃぶしゃぶ、寒鰤塩焼きと来て、蕪（かぶら）蒸しと続き、揚げ物は障泥烏賊下足（げそ）、南瓜、薩摩芋、エリンギ、春菊。さらに、名物氷見うどん、茹で紅楚蟹、締めは白飯と魚のあら汁。デザートにアイスクリームも付いた。

これだけ品数がありながら、食後におなかパンパンで苦しむことがなかったのは、それぞれの量がバランスよく盛られていたからだろう。

快適な客室でゆっくりと休んで、翌朝目覚めると、前日は曇ってよく見えなかった海岸が広い窓からよく見えた。天気晴朗である。

気分を良くして朝食会場へ。テーブルに並んだのは、蛤の味噌汁、温泉卵、焼き海苔、鰯の味醂干し、赤

矢柄の昆布締め、地元の海藻「ながらも」のポン酢かけ、茶碗蒸し、魚のあら入り湯豆腐、キャベツと紫キャベツの千切りに紅大根、胡瓜、プチトマトなどが入ったカラフルなサラダ、そして白飯。お代わりの三杯目を堪えるのが大変だった。

食後の一服をのんびり吸って、客室でゆっくりしてから荷物をまとめてチェックアウトした。支払いにはクレジットカードも使える。

民宿としてはやや強気な値段設定だが、施設の充実ぶりや食事の魅力を考えれば、十分に納得できる。

またファーストクラス民宿を見つけたな、と思いつつ、宿を後にした。

陽気な女将さんとミュージシャンのご主人

みろくの湯の宿 こーざぶろう

一泊二食……一万二〇三〇円〜
その他のアメニティ＝バスタオル、カミソリ、ドライヤー

富山県・氷見温泉郷

JR氷見線氷見駅から
タクシー6分
能越自動車道氷見北ICから
約5分

富山県氷見市阿尾6-1
☎0766・74・1144

取材ということもあって、通常のチェックイン時間（一六時〜）よりだいぶ前に宿に着いた。どんよりとした空から冷たい雨が降っていた。しかし、宿の外観は洋風の趣で明るい雰囲気であった。

玄関を開けて中に入り、声をかけると、どこか遠いところから、

「はーい、今行きますよう」

と声が聞こえ、ほどなくして女将の澤武幸栄さんが出迎えてくれた。この女将さんが実に明るく陽気で、あいさつをしただけでも元気をもらえるほどだった。雨で沈んだ気持ちを払拭するに余りあるお出迎えであった。

一九九〇（平成二）年に「ペンションこーざぶろー」として開業した、と聞いて、洋風の外観にも合点がいった。その後、二〇〇五（平成一七）年に天然温泉を掘削。和モダンな趣に改装し、「こーざぶろう」となって現在に至る。

客室は全七室で、二室は洋室、ほ

かは和室。膝やら腰やらが悪い筆者は洋室を用意していただいたが、清潔感もあり、実に快適だった。全室ともトイレや洗面所は共同となるが、いずれもきれいで気持ちが良い。和室の場合、布団は夕食中に宿の方が敷いてくれる。

陽気な女将さんが「うちの自慢な

んです」と熱く語るのが、宿のすぐ前の駐車場から湧く自家源泉の湯。これが本当に良い温泉で、浴室のドアを開けた瞬間から湯の香が漂うほど。微かに黄色に濁った湯はナトリウム―塩化物・炭酸水素塩泉で源泉二五・二度。加温かけ流しで循環・塩素消毒とのことだが、塩素臭は皆無。筆者の感覚だと塩素は入れていないと思ったが、保健所が面倒臭いので、この件は読者のご想像にお任せしたい。

湯はツルスベの肌触りで、炭酸水素塩泉（重曹泉）の肌の不要角質を洗う効果に、塩化物泉の塩パックによる保湿効果があり、いわゆるダブル美肌の湯だと言える。

食事は夕食、朝食ともにダイニングルームでいただく。この日はスタンダードプランで宿泊。夕食に並んだのは前菜六点盛り（和牛ローストビーフ、柳葉魚＝ししゃも味醂干し天ぷら、蟹押し寿司、卵焼きプチトマトレッドペッパー添え、餡かけ茶碗蒸し、菜の花鱈子和え）をはじめ、お造りは氷見の寒鰤、平目の縁側、障泥烏賊、近海生本鮪、甘海老。

さらに寒鰤塩焼きに、揚げ物は赤パプリカとピーマン、蓮根、薩摩芋、ズッキーニと茄子、海老二本。お凌ぎには自家製氷見はと麦うどん、そして真鱈の鍋物、締めにはちりめん山椒飯、ながらもの味噌汁とお新香。デザートは自家製のミルクプリンだった。

　すべてご主人・功三朗さんの手作りだが、このご主人、マーチンのギターをつまびくシンガーソングライターでもあり、街のホールなどで定期的にライブも行っているそうだ。民宿のご主人やおかみさんには個性ある人がたくさんいて、話も楽しい。

　食後にまたザブンと風呂に浸かったが、湯の良さに浴槽を出がたい気分だった。湯上がりには玄関を出て一服。夜九時前なのに車の通りはゼロ。暗闇から波の音が聞こえて、余計に静けさが際立つ気分だった。

　朝食も大いに充実。席で焼くベーコンエッグ、焼き鮭、焼き海苔、ハムサラダ、南瓜煮物、メレンゲを混ぜたながらも、ひじき煮、昆布と椎茸煮、若布と豆腐の味噌汁に白飯。デザートはオレンジのヨーグルトかけで、コーヒーも付く。粘りがあってふわふわのながらもは飯泥棒であった。飯のお代わりが足りないくらい。三杯目は我慢したけれども。

　チェックアウト時に、

「今度はご主人のライブをお聞きにうかがいます」

　と言うと、陽気な女将さんがひときわ明るい声で、

「ぜひぜひ！　お待ちしていますよう！」

　と見送ってくれた。最後まで女将さんに元気をもらったファーストクラス民宿だった。

海を望む鉄筋四階建、エレベーター付き民宿

富山県・氷見温泉郷

幸慶の湯　民宿　すがた

一泊二食……一万一一五〇円～
その他のアメニティ＝バスタオル、カミソリ、ドライヤー

JR 氷見線氷見駅から送迎（要予約）10 分
能越自動車道氷見北 IC から約 5 分

富山県氷見市阿尾 653
☎ 0766・74・1855

おおよそ民宿らしからぬ「姿」であった。海に臨む鉄筋コンクリート四階建の外観は、まさしく「聳え立っている」という趣である。これで四階の客室まで荷物を持って階段を上るのは難儀だな、と思ったら、なんとエレベーターを完備していた。エレベーター付きの民宿は過去に訪ねたことがない。

玄関を入ると、一階には無料のマッサージチェアが置かれ、アルコール類の自販機もある。フロントは二階。その隣には喫煙室もあった。

チェックインして客室に案内されると、海を望む広い和室で、晴れた日には、海に浮かぶ立山連峰を一望できる。

全五室の客室はすべて畳敷き和室。一室はトイレ付きだが、ほかはすべてトイレ・洗面所が共同になる。むろんトイレも洗面所も不潔感はない。布団敷きもセルフかと思って尋ねてみると、

「お布団は私どもがお食事中に敷

きますよ」

　と女将の菅田美穂さん。到着後すぐにやるべき民宿泊まりの「仕事」がないとなれば、なにはともあれひとっ風呂、と浴室へ。

　風呂は男女別内湯のみながら、ともに大理石を縁に回したタイル張りの清潔な造り。湯は氷見温泉を引湯し、加温・循環・塩素消毒（加水はなし）で使用している。ナトリウム―塩化物泉で源泉六〇・二度、ほのかに塩味のある湯である。分析書にpHの記載がないが、弱アルカリ性のやさしい肌触りだ。夜は二三時まで、翌朝は六時から八時半まで入浴可能である。

　湯上がりには汗をかきつつマッサージチェアにかかって極上の気

分。民宿ではマッサージを頼めることはほぼないので、こうしたサービスはありがたい。あまりの心地良さに思わずウトウトしてしまったが、渇いた喉にまずビールを流し込み、さらに水を摂取して、一八時から夕食処へ向かった。

テーブルに並んだのは、先付三点盛り（障泥烏賊下足酢味噌、胡麻豆腐、干し柿で挟んだクリームチーズ）、鱈白子の茶碗蒸し、刺し盛りは平目、寒鰤、鯵、本鮪中トロ、バイ貝、甘海老、障泥烏賊。酢の物は紅楚蟹、いくら、水菜、若布などの盛り合わせ、揚げ物は牡蠣、海老、大葉、エリンギで、塩で味わう。煮物は寒鰤大根で、柚子（ゆず）の風味がふんわりと豊かだ。

　焼き物は寒鰤の塩焼き、台物は霜降り氷見牛のすき焼き風。締めは白飯に焼き河豚（ふぐ）入りの味噌汁とたくあん、デザートには抹茶わらび餅に小倉餡と苺を添えて。最後のほうじ茶が香り高く、なんとも滋味深かった。

　これで一泊二食一万円ちょっととは驚き。ボリュームもちょうど良く、最後まで美味しくいただけた。食事はご主人の菅田宏幸さんと板前さんとで作っているとのこと。器も盛り付けも美しく、美酒・立山がスイスイ進んだ。

　夕食は撮影のために全品そろえてもらったが、もちろん温かい料理はあとから出てくる。

　食後は一時間ほど休んでまたマッサージチェアを使い、眠気が増したところでそのまま床に就いた。たぶん、二二時半ごろ。

　翌朝は七時前に爽やかな目覚め。目覚めの一服のあと、歯を磨いてスッキリしてから、朝食会場である二階の広間へ向かった。

　食膳に並んだのは、白飯のほか渡蟹と若布の味噌汁、焼き鮭、焼き海苔、納豆、目玉焼き、烏賊鱈子和え、ほうれん草おひたし、里芋田楽、豆腐と水菜の小鍋、たくあん。今日も元気だ、朝飯が旨い！

　朝からモリモリ三杯飯をたいらげると、寝ぼけた頭もシャキッと目覚め、全身にエネルギーが行きわたった気分がした。

　チェックアウトは、やや早めの九時半。朝食を一番遅い八時からにしたのだが、食後はゆっくりと休憩をし、タバコを一服してから荷物を片付けて宿を出た。フロント脇に喫煙室があって、ここでタバコを吸えるのもうれしかった。

　近代的な設備に目が行きがちなのだが、筆者としては、付かず離れずのおもてなしもまた、心地良い民宿だった。

蔵をリノベした一棟貸しのモダン客室に憩う

和風温泉元湯　叶

一泊二食……一万二六五〇円〜
その他のアメニティ＝バスタオル、カミソリ、ドライヤー

富山県・氷見温泉郷

JR 北陸新幹線新高岡駅からバス50分、阿尾の浦温泉下車徒歩3分
能越自動車道氷見北ICから6分

富山県氷見市阿尾2503
☎0766・72・2503

宿の前には道路を挟んで阿尾（あお）漁港がある。訪ねた日は快晴で、港の奥の海に浮かぶ立山連峰の素晴らしき絶景が見えた。

「こんなに立山がきれいに見えたのは、ここ最近ではなかったことですよ。飯塚さんはツイていますね」と、笑顔で迎えてくれたのは女将の叶美千代さん。そう聞くとやっぱりうれしい。

瓦葺きの本館建物は破風（はふ）をいただいた入母屋（いりもや）造りで、重厚感があふれている。玄関をくぐった館内は全館畳敷きになっており、客室にはスリッパの代わりに足袋が用意されている。

客室は本館に七室と、二〇二二（令和四）年九月にオープンしたばかりの一棟貸し客室「とうべえ蔵」（一泊二食三万一五〇円〜）がある。女将さんは、

「本館はもう古いですから」

と謙遜するが、本館客室もソファや小机が置かれた和室や、海を見わ

たせるこぢんまりとしたカウンター席を備えた部屋などがあり、二室を除いてトイレ・洗面台付きである。こちらも和モダンな雰囲気があり、おすすめではある。
　だが「とうべえ蔵」は、ちょっと民宿離れした空間だ。本館に接続するカフェスペースには、海上の立山連峰が一番きれいに見える角度で造られた窓があり、朝食は眩しい陽光を浴びながら食事が楽しめる。むろん夕食もここで味わう。
　ここから白漆喰の重い蔵の扉を開けると、もう一つ木造りの引き戸があり、中に入るとソファとテーブルセットが目に入る。その居間の外にはテラスがあり、こちらも海を一望。二階は寝室で、到着時に布団が敷いてある。間接照明の雰囲気も温もりを感じさせる。
　専用の内風呂も付いており、湯はナトリウム―塩化物泉の自家源泉「栄和温泉」を、源泉一〇〇％かけ流しで提供。灯取りの窓から柔らかな陽射しが入る造りで、実にリラックスできる雰囲気だ。こちらに

は本館にはないメイク落としなども用意されている。
宿泊料も相応だが、最大五人で泊まれるので、一棟五人利用の場合は一人当たり一泊二食二万一五〇円～と納得のお値段である。

本館の風呂は男女別内風呂のみだが、元湯を謳っている通り、前述の自家源泉があふれている。源泉温度は五一・五度ながら加水なし・加温なし（循環・塩素消毒はあり）で提供され、溶存物質合計が一万三六二七ミリグラムもある。しょっぱい温泉で、塩の保温効果で実に温まる。湯上がり肌はしっとりだ。

夕朝食とも、本館泊の場合は食事処、蔵宿泊の場合は前述の通りカフェ席で。夕食は季節ごとの海鮮がたっぷりと盛り込まれるが、今回は寒鰤会席コース（一泊二食一万七一五〇円～、一二月～二月限定）をチョイス。料理は温かいものは温かいまま、順に運ばれてくる。

まずは寒鰤南蛮漬けをはじめとした先付け三点。お造りは寒鰤のほか真鱈の子まぶし、甘海老、車鯛、障泥烏賊。酢の物は小肌に真蛸、胡瓜、若布の盛り合わせ、お凌ぎは「氷見ながらもうどん」だった。

さらに鰤しゃぶ、鰤大根、海老と季節野菜の揚げ物、鰤カマ焼き、鰤の握り、最後は渡蟹（わたりがに）の味噌汁と氷見産特上コシヒカリのご

飯にお新香。食後には、はと麦茶と抹茶のジェラートも。大満足だが、酒が進み過ぎて参った。

寝具が清潔でふかふかなのにも感激したが、快適に眠った翌日の朝食も魅力的だった。艶々の白飯に蛤の味噌汁、鱈子、筍土佐煮、帆立貝ひも酒盗和え、赤西貝と菜の花の和え物、鰊（にしん）の生姜味噌和え、喉黒（のどぐろ）の干物、ポテトサラダ、温泉卵、焼き海苔が並び、飯が進むこと！　水菓子は苺と林檎。コーヒーもサービスされる。

チェックアウトは九時半。支払いを終えて宿を出ると、快晴だったものの立山連峰は霞んで見えず。やっぱり昨日はツイていた、とほくそ笑みながら車に乗り込んだ。

コラム2
民宿の常識？ 非常識？

本書の読者の中には、民宿には泊まったことがない、という人もいるかもしれない。しかし本書を手に取っていただいたからには、これから民宿に泊まってみよう、という方ではあるだろう。そこで、初心者向けに民宿の基本的なサービスやマナーについて、簡単に解説したい。

昔は民宿と言えば、部屋を襖で仕切っただけの部屋で、鍵もかからないところが普通だった。しかし、現在の民宿にはそうしたところはまずない。鍵がかかる個室に宿泊できるのは、民宿でもスタンダードである。

ただし、布団敷きがセルフサービスというところは依然多い。筆者は民宿にチェックインすると、部屋食でない限り最初に布団を敷いてしまう。パリッと糊の効いた清潔なシーツと枕カバーが用意されており、押入れから布団を取り出してシーツを掛けて敷くだけである。翌朝は、特に指示のない場合は敷きっぱなしのままで構わない。部屋食などで朝食時に布団が邪魔になる場合は、シーツと枕カバーを外して三つ折りなどにし、部屋の隅に重ねておけば良い。

高齢者や腰痛、膝痛持ちなどで、布団敷きが難しいという場合は、予約の際に相談してみると良い。わずかな料金の追加で布団敷きを宿の方がやってくれる場合もある。

また、客室にトイレと洗面所を備えておらず、共同使用になるというところも多い。

意外なのは、民宿はアルコール類の自販機がないところが多いということ。民宿のフロントは二一時頃で閉まることが少なくないので、寝る前に軽く飲みたいというときに切ない思いをしないよう、夕食後は寝酒をもらって部屋に戻るのもおすすめである。

では、自分でアルコールを持ち込むのはどうか、という話になる。しかし、ソフトドリンクを含めて持込みは不可、というのが旅館・民宿を含めた和風宿の一般常識である。

一方、各地の民宿に泊まると、部屋に空の冷蔵庫が設置されていたり、廊下などに共同の冷蔵庫が置かれていたりすることがある。この場合は、

「あまり公には言えないものの、多少の持込みには目を瞑りますよ」

という場合が多いようだ。

そうは言っても、お茶の二リットルペットボトルを何本も持ち込む、あるいは焼酎やウイスキーをボトルで持ち込んで飲むような場合は、きちんと宿に申告して持込み料を支払うべき。宿によっては、客室で飲む分の持込みは大丈夫というところもあるので、お互いに気持ち良く過ごすためにも、持込みのルールは守りたいものだ。

一番マナー違反なのは、夕食のときに持ち込んだお酒などを飲むこと。これは絶対にやってはいけない。食事中は、必ず宿が用意している各地の地酒などを味わうこと。

また海辺の民宿で海水浴場が近い場合などは、必ずシャワーで砂を完全に洗い流し、体を拭いてから宿に上がるべし。こうした海辺の民宿では、玄関先などにシャワーが設置されていることが少なくないので、宿の人に確認して有効に活用したい。また海辺の民宿では、海水浴シーズンの夏季のみ浴衣やバスタオルのサービスがないところがあるので、事前に確認していくと良いだろう（スキー場近くの民宿の冬季も同じ）。

以上、ざっくりとした解説だが、要するにセルフの布団敷きと、トイレ・洗面所の共同使用以外は通常の旅館とほとんど変わりはない。民宿だからとあれこれ心配し過ぎることなく、旅を楽しんで欲しい。

日本第二位の高峰の麓で三代目の蕎麦を食す

山梨県・芦安温泉

ふるさと料理の宿　民宿旅館なとり屋

一泊二食……一万五〇〇円～
その他のアメニティ＝バスタオル、ドライヤーほか

JR中央本線甲府駅からバス約35分、御勅使下車、市営コミュニティバスに乗り換えて約15分、芦安下車すぐ
中部横断自動車道白根ICから約20分

山梨県南アルプス市芦安芦倉726
☎055・288・2025

富士山に次いで日本で二番目に高い山はどこか？　そう聞かれて即答できる人は、山屋さん以外ではそういないだろう。答えは北岳（標高三一九三メートル）で、一八七一（明治四）年に、現在の南アルプス市芦安の修験者・名取直江が開山したといわれている。

そしてこの民宿の三代目ご主人の名は名取大介さん。末裔ですか？と聞くと、

「いやあ、わかりません（笑）。ただ、一九〇二（明治三五）年にウェストンが登頂したとき、案内するように命じた当時の村長、名取運一というのは縁者のようです」

とのこと。そのご主人は「日本No．2協会」の会長というユニークな肩書を持ち、全国No．2サミットを開催するなどマルチな活躍ぶりを見せている。

宿は先々代が一九七二（昭和四七）年に開業、二六年前の建替えを機に「民宿旅館」と銘打ち、五年前に現

ご主人が継いだという。
　客室は全八室だが、現在はコロナ禍もあって客数三組のみで営業。チェックイン後に客室に出入りされるのは嫌だろうからと、布団は到着時にすでに敷いてある。洗面台もトイレも客室ごとに指定され、他客に気兼ねがない。館内も客室も至極清潔で快適だ。
　風呂は男女別内風呂のみだが、天然温泉。ナトリウム・カルシウム—硫酸塩温泉の湯は、湯上がりしっとりプルンプルンである。

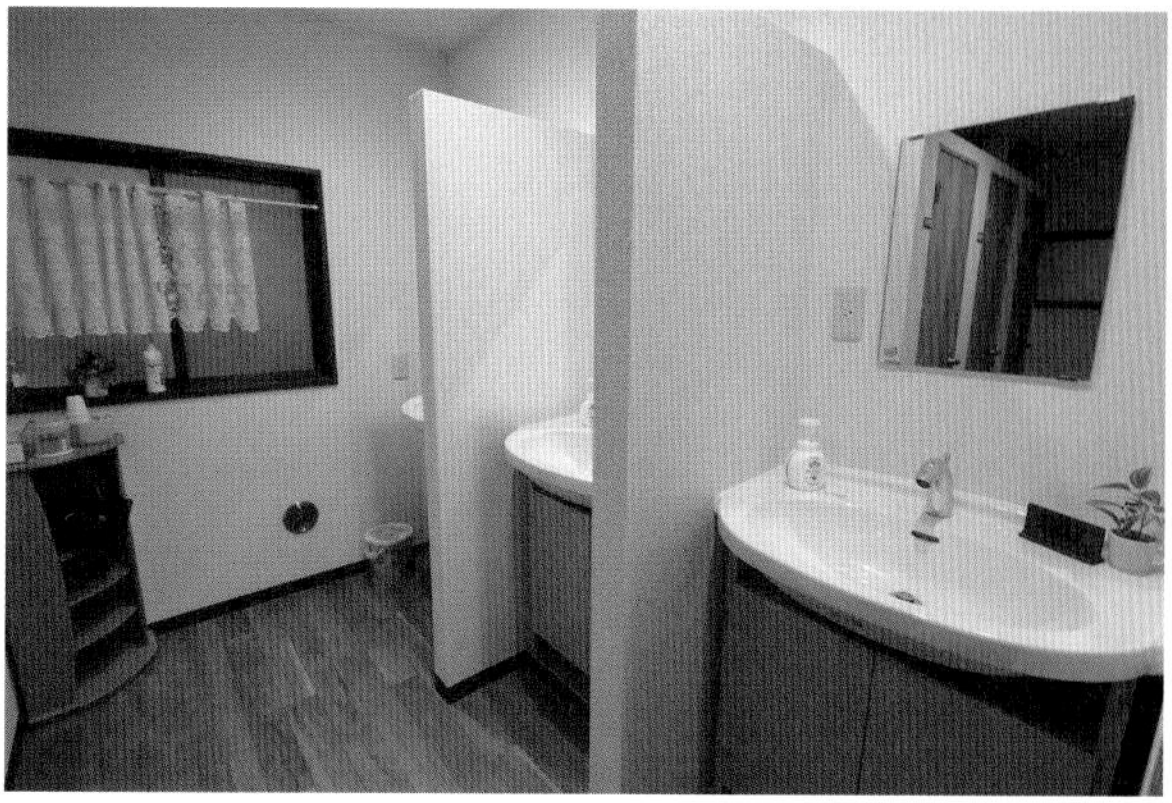

　夕食はご主人と、母で女将のよし子さんが手作りする。ご主人は高校卒業後、石和（いさわ）温泉の宿や病院の給食室などで働いたのち、鳥もつ煮で有名な蕎麦店「奥藤（おくとう）」の分店で一二年間修業を積んだ。その技術を生かした蕎麦の刺し身やもり蕎麦、鳥もつ煮も宿の名物になっている。
　夕食に並んだのは、前菜として南アルプス産キウイとクリームチーズ、酢取り茗荷（みょうが）、菊芋生ハム、小松菜シーザードレッシング。お造りは前述の蕎麦刺し（ヌペヌペとした食感も楽しい）と赤身の馬刺し、雨子（あまご）塩焼き、そして名物の鳥もつ煮はレバーと砂肝、ハツが甘辛く炒め煮にしてある。
　さらに国産豚と季節野菜の生姜鍋、茄子、舞茸、大葉、プチトマト、薩摩芋、サーモン、あんぽ柿の天ぷらときて、地元産米「どんとこい」の白飯とお新香、締めは県産小麦を加えた二八のもり蕎麦。
　つゆは鰹節厚削りと宗田鰹（そうだがつお）節で取り、愛知産九重（ここのえ）味醂など調味料にもこだわっている。旨味が濃いのにベタベタせず、心地良く蕎麦が喉を通り越して行く。最後には、きなこムースのデザート付き。

夕食中にはご主人があいさつに来てくれた。ひと組ごとに必ずあいさつをしているという。お客様から聞いた情報やアドバイスを今後に活かしたい、と。現在四二歳。腰は低いが、もてなしや料理には自信もプライドも感じさせてくれる。このようなご主人が営む宿は、まず間違いが

ない。

朝食はブランド虹鱒（にじます）「富士の介」のはらす焼き、手作り辛

味噌、小梅、薄塩味の蕎麦がきけんちん汁、スクランブルエッグ、郷土食「醤油の実」、自家製味噌ブレンドの味噌汁、焼き海苔、白飯にお新香。デザートはフルーツジャムを添えたヨーグルトと、凍らせた葡萄（ぶどう）二種も付いた。

醤油の実は、大豆を茹でて乾かし、麦麹を混ぜて発酵させて干したもの。食べる際に水で戻して塩を加え、葱とおかかを載せて味わう。ホコホコとした食感で、納豆のような風味があるが臭みはなく、飯のお供に最適だ。

訪ねたのは一月末。かなり冷えた日だったが、ぬくぬくと快適な夜を過ごした。

しかし翌朝、宿を辞して車に乗り込んだら、フロントガラスが凍って、なかなか雪が溶けない。と、ご主人が出てきて、大きなボウルに汲んだ湯をかけて溶かしてくれた。ファーストクラスのもてなしは、こんなところにも表れるものだな、と思った。

山奥の一軒宿で愛でる富士川清流の蕎麦尽くし

山梨県・南巨摩郡南部町

そば宿　福いち

『一泊二食……一万五〇〇〇円〜
その他のアメニティ＝バスタオル、ドライヤー、メイク落としなど』

JR身延線内船駅から
タクシー15分
中部横断自動車道富沢ICから
7分

山梨県南巨摩郡南部町福士
13549
☎0556・66・2988

大河・富士川に並行する国道五二号から支流の福士川沿いの道に入り、さらのその支流の向田川を縫う道に入ると、周辺はすっかり農山村の趣であった。

棚田と茶畑が点在するその道を、奥に、奥にと進んで行ったところに、唐突に現れるのがこの民宿である。

宿名の通り手打ち蕎麦を売りにする宿で、ご主人の谷村洋一さんは脱サラしてこの宿を始め、九年目になる。

「このあたりは、人の数より動物の数の方が断然多いんですよ。猪、熊、狸にテン、野兎も。夜なんか真っ暗です（笑）」

と気さくに出迎えてくれたのは女将の早苗さん。

ご主人と二人三脚で蕎麦尽くしの夕食を創作し、旅行サイトの口コミ点数も高い。山奥の一軒宿ながら、玄関をくぐった瞬間に明るい気分になるのは、朗らかな女将さんと、とても真面目そうなご主人の人柄にもよるのだろう。

館内も客室も清潔で、部屋にはすでに床が延べてあった。少人数の際には布団敷きは宿の人がやってくれ、大人数の場合も、すぐに布団が敷けるようにシーツをかけて畳んでおいてくれる。

客室に荷を解き、さっそく風呂へ向かった。二つの内風呂は母屋からサンダルを履いて行く離れ棟の地下にあり、四五分ごとにボードに名前を書いて貸切入浴するシステム。

巨大な石に囲まれた造りの内風呂は天然温泉ではないが、硫黄分を含む地下水で、かなりまったりとした柔らかい肌触りである。湯がぬるめというのも気に入った。

夕食は大広間に用意される（部屋食プランもある）。時間が一八時半～一九時のスタートというのは少し遅めだが、普段の生活を考えると、このくらいでちょうど良い。

自慢の夕食は、蕎麦尽くしプラン（一泊二食一万二〇〇〇円～）をチョイスした。

食膳には蕎麦寿司と自家製のガリ、地元産の茹で落花生をはじめ、自家製麹醤油で味わう蕎麦刺し、蕎麦豆腐の鴨餡かけ。

そしてご主人こだわりの手打ち蕎麦は黒豆蕎麦と二八蕎麦、さらに焼き葱が入った鴨鍋、地元産の筍と豚肉の土佐煮、茶碗蒸し、丘若芽（おかわかめ）や海老などの天ぷら盛り合わせ、自家製切り干し大根の林檎酢和え、最後に鶏牛蒡の炊込み飯と蕎麦プリンも付く。

　蕎麦ばかりで飽きるかと思いきや、味の変化もあり、ボリューム的にも満足度が高い。

　蕎麦つゆは枕崎の本枯れ節のみを使っており、濃過ぎないのに旨味はあって、最後の蕎麦湯の香りも豊か。

　合わせる酒は地酒「天子菊」（三〇〇ミリリットル七五〇円）で決まりだ。さらりとした口当たりで絶品である。ご主人は日本酒好きとのことで、よく二日酔いで朝になって苦しんでいます、と女将さんが笑った。

　夕食プランには、鮎や山女魚（やまめ）の塩焼きを追加できるほか、甲州牛をメインとしたコースなども用意されている。

　翌朝食もご馳走だった。黒米ご飯と具沢山の味噌汁をはじめ、ゴーヤチャンプル、焼き鯖、水菜のサラダ、蕎麦つゆ入り南瓜（かぼちゃ）スープなどが並び、ボリュームも満点である。

　さらに、幻とも言われる身延町産あけぼの大豆の納豆、らっきょう漬け、焼豚、お新香など、女将さんの自家製メニューがものすごく多い。お新香などは分かるが、納豆まで自家製というのは珍しい。

「このあたりは店もないので、なんでも自分で作るんですよ」

と女将さん。すると、ご主人がすかさず言う。

「そういうことだけじゃないと思うよ。本当によくやってくれていると思うよ」

　おしどり夫婦が営む山あいの蕎麦民宿は、都会生活に疲れた筆者の心を癒してくれた。これもまた、民宿ならではの愉しみなのだ。

一日一組限定の囲炉裏夕食と乳白色の極上湯

長野県・乗鞍高原温泉

緑山荘

一泊二食……一万二二五〇円～
その他のアメニティ＝バスタオル、ドライヤー、メイク落としなど

松本電鉄新島々駅からバス約50分、番所下車徒歩3分
長野自動車道松本ICから約50分

長野県松本市安曇3936
☎0263・93・2223

「飯塚様　取材お疲れ様です。仕事の合間に温泉でゆっくりして下さい」

　玄関を入ると、いきなりロビーのボードにそう書いてあった。この日は一週間泊まりっぱなしの連続取材の終盤で、本当に心身ともに疲れていたから、このメッセージを見ただけで心の霧が晴れる気分がした。これもファーストクラスのおもてなしと言えるだろう。

　建物は正統派の民宿らしい構えで気取ったところがない。館内も民宿らしい造りではあるものの、掃除は行き届いており、清潔感もあって快適である。

　客室は全九室だが、新型コロナ禍の現在は五室のみを利用し、食堂を含めた残り五室を客室ごとの食事場所に充てている。トイレも洗面所も共同だが、現在は客室ごとに専用の場所が指定されており、ほかの客とバッティングすることもない。

　弱酸性の単純硫黄温泉があふれる

風呂は、内風呂が二つ、玄関を出てすぐ裏手にある建物に露天風呂が二つある。いずれも木造りの浴槽で、硫化水素臭がプンプン香る湯は、浴槽内で熱交換をして源泉かけ流しを実現している。素晴らしくフレッシュな湯に浸かると、体が歓喜の声を上げる気分である。

湯の鮮度がいいので、湯口では透明な湯だが、浴槽に浸かると湯の花

が舞い、乳白色の濁り湯に変身する。色は日によって少し青みがかったり緑がかったりするようだ。これも温泉が生きている証である。

筆者は実は内風呂好きなのだが、この宿の露天風呂は大いに気に入った。目の前にアカシアの木々、その奥に山並みを見渡せて、開放感抜群である。春夏の頃は目の前に迫る緑が美しいだろう。

一方、露天風呂には、一二月～GW頃はシャワーや石鹸類は設置していない。ひたすら景色と湯を満喫したい。

夕食は通常プランのほか、一一月～六月には一日一組限定で囲炉裏端の食事プラン（一泊二食一万五〇〇〇円～）があり、今回はこのコースを選択。二〇二二（令和四）年にでき

た囲炉裏席に、料理がまとめてお膳で運ばれて来る。

前菜はシャクシャクした歯ごたえの虚無僧茸（こむそうたけ）の煮物をはじめ、わらびのおひたし、自家製干し柿の天ぷら、日本蜂の蜜を使ったたたき牛蒡（ごぼう）、花豆の蜜煮、クラッカーに載せた山羊のチーズ。酢の物は金糸南瓜と青トマト、伝統野菜の保平蕪（ほだいらかぶ）の盛り合わせで、こちらはシャキシャキした食感が良い。

さらに信州サーモンの刺し身、牛肉の笹ステーキに人参、玉葱、ピーマン添え、煮物は大根と人参、厚揚げに絹さやを乗せてある。焼き物は「岩魚のささやき」。これは「笹焼き」で、笹ごと囲炉裏にくべて、味噌がクツクツ焼けると完成だ。

揚げ物は人参と牛蒡の金平、ねっとりとした南瓜、獅子唐、そして林檎。林檎の天ぷらはアップルパイに似た風味で、女性客にも人気の品である。お新香は自家製野沢菜漬のピリ辛炒め。最後に白飯、凍み豆腐の信州味噌汁、そしてデザートは自家栽培のブルーベリーと苺、林檎のコンポートを凍らせてヨーグルトをかけたもの。パチパチと音を立てる炭火を眺めながら、ゆっくり食事が楽しめるのは大きな魅力である。

翌朝の食事も囲炉裏端で。囲炉裏にかかった鍋は豚肉と白菜、榎茸（えのきだけ）、ブロッコリー入り。ほかに焼き鮭、温泉卵、焼き海苔、紫人参や黄色人参、紅芯大根やコーンが入ったカラフルなサラダなどが並び、最後には杏仁豆腐とアップルティーも付いた。朝から満腹だ。

ただしこの囲炉裏席、すぐ隣が喫煙室なので、どうにもタバコが苦手、という人は避けた方が無難かもしれない。もちろん換気などの工夫はしっかりされているが、愛煙家の方々も、食事どきには喫煙を控えるなどの配慮をしたいものである。もっとも、愛煙家である筆者は何も気にはならなかったけれど。

かけ流し白濁湯と女将さんのもてなしに和む

長野県・乗鞍高原温泉

温泉宿　青葉荘

一泊二食……一万五〇〇〇円～

その他のアメニティ＝バスタオル、ドライヤー

松本電鉄新島々駅からバス
約50分、番所下車徒歩1分
長野自動車道松本ICから
約50分

長野県松本市安曇3952-2
☎0263・93・2750

　宿の駐車場に車を乗りつけてギョッとした。外観は真新しいとは言えないものの、ごく普通の佇まい。だが看板に「旅館青葉荘」とある。民宿の本で旅館の紹介はできない。

「あれねえ、父が何年か前に（取り付けた）……。やっぱり憧れがあったらしく……。外したいんですけどもねえ、なかなか……」

　とバツが悪そうに話すのは女将の原美香さん。今は民宿なんですか？と尋ねると、

「いえ、昔からずっと民宿なんですよ」

　と笑った。筆者がほっと胸を撫で下ろしたのは、宿が民宿だったからだけではなくて、女将さんの気さくな人柄に癒される心地がしたからである。

　訪ねたのは一月の半ば過ぎで、駐車場には雪が積もっていた。館内に入ると、ロビー周りはやや雑多な感じがしなくもないが、玄関を入ってすぐ右の部屋には、薪（まき）ストー

ブが赤々と燃えていた。この部屋はスキーブーツの乾燥室でもあるが、愛煙家はここで一服もできる。冬には屋外がマイナス気温になるので、筆者としてはありがたかった。

　全一〇室の客室のうち、三室はトイレ・洗面台付き。客室はもちろん、共同のトイレや洗面台も掃除が行き届いている。雰囲気はオーセンティックな民宿然としているが、清潔で快適なのは何よりである。

　最大の魅力はやはり風呂だろう。円形の灯取り窓がある木造りの内湯と露天風呂を備えた「青葉の湯」と、独立した洗い場に木造りの内風呂と露天風呂がある「渓流の湯」、そして予約制で利用する家族風呂があり、すべて熱交換式の加温をして、源泉かけ流しの白濁湯があふれている。青葉の湯と渓流の湯は朝晩で男女湯が交代するので、一泊で両方の湯を満喫できるのもいい。

　泉質は単純硫黄温泉で、源泉四六・八度。硫化水素臭が香る湯は、超フレッシュゆえ透明だが、浴槽に身を沈めると湯の花が舞って、たちまち乳白色のにごり湯となる。湯はぬるめ。じっくり入って温まりたいところだが、泉質的にはかなりパンチがあり、湯あたりなどには注意したい。

　と言いつつ、筆者は撮影のために入浴したあと、さらに夕食前にも三〇分近く湯に浸かっていた。もう、極楽の時間であった。

　湯上がりの夕食も品数が多くてご馳走だ。メインは鴨鍋（一一九ページの写真は二人前）。三点盛りはむかごの黒胡麻味噌和え、自家製の野沢菜のおやき、モロッコインゲン白胡麻和え。ほかに信州サーモンのカルパッチョ、馬刺し、虹鱒塩焼き、天ぷら盛りは海老、薩摩芋、菜の花、舞茸で、煮物は鶏肉、人参、大根、椎茸、蒟蒻、薩摩揚げ。さらに、グレードアッププラン（一泊二食一万一五五〇円～）には信州牛の朴葉（ほおば）味噌焼きも付く。

締めは白飯と自家製野沢菜漬けのみで汁椀は付かないが、鴨鍋にはうどんも入っており、つゆも良い出汁の味わいだった。料理は女将さんの手作りで、煮物と漬物はおばあちゃんが作るそうだ。

食後、二時間ほど休憩してから、また風呂に入った。露天風呂は内風呂よりややぬるくて、出るのが嫌になるほど気持ち良かった。湯船からは雪を被った灯籠などが見えて、情緒満点の雪見風呂を楽しんだ。風呂は夜二三時までと、朝は五時から入浴できる。

翌朝食に並んだのは、豆腐と油揚

げの味噌汁、納豆、焼き鮭、焼き海苔、卵焼き、白菜のおひたし、ハムと水菜とレタスのサラダ、大葉の佃煮、自家製大根漬け、水菓子の林檎にヨーグルト。おかずいっぱいで、お代わりの三杯目を堪えるのに苦労したくらいだ。

取材だというのに妙にくつろいで、ご機嫌で宿を出た。ちなみに冬季には別途暖房費（五〇〇円）が必要。雪国の民宿では珍しくないので、事前に確認して訪ねるといい。

それにしても居心地の良い民宿だった。

超お洒落な客室と女将さんの手作り料理

長野県・野沢温泉

小さな料理民宿　畔上館

一泊二食……一万二〇〇〇円～
その他のアメニティ＝バスタオル、カミソリ、ドライヤー、メイク落としなど

北陸新幹線飯山駅からバス25分、野沢温泉下車徒歩約10分
上信越自動車道豊田飯山ICから約30分

長野県下高井郡野沢温泉村豊郷8800
☎0269・85・2280

野沢温泉のシンボル・麻釜(おがま)から少し坂を上った高台に建ち、宿駐車場からは眼下に温泉街を一望する。その奥の山並みも美しい。

外観はさほど特別な雰囲気ではないが、館内に入ると随所にドライフラワー、和紙と蔓(つる)の灯り、シックなタペストリーなどが飾られ、上品な空間が演出されている。

そして客室に入って驚いた。この日泊まったのは二間続きの小上がりにローベッドが用意されたモダン和室(写真左上)で、民宿とは思えないお洒落な造り。冷蔵庫や電子レンジもあり、トイレ、洗面台も備えている。客室は全九室で、このようなモダン和室のほか、ダブルベッドルームの和洋室などがある。トイレ・洗面台付きは二室のみだが、冷蔵庫と電子レンジ付きの部屋は、ほかに二室ある。

アメニティも充実。スノーシーズンの野沢の民宿では珍しく、浴衣やバスタオルも通年用意。歯ブラシ

セットやカミソリ、ドライヤーのほか、メイククレンジングや綿棒などもそろっている。
風呂は十和田石造りの貸切風呂（非温泉）に予約制で入浴するシステム。二四時間使用できるシャワーブース（要予約）もある。

天然温泉に浸かりたいというのであれば、宿から共同湯「滝の湯」までわずか三〇メートルなので、ここを利用すべし。単純硫黄温泉のスーパーフレッシュな湯は、卵臭がぷーんと香っていかにも温泉らしい。野沢温泉にはこうした共同湯が一〇ヶ所以上もあって、一〇〇円程度の志納金を箱に納めて、極上湯を満喫できるのが大きな魅力だ。

　そして夕食。宿は「野沢温泉村の小さな料理民宿」を謳っている。この看板に偽りなしと感じさせる品々がずらりと食膳に並んだ。

　まず五品盛りはブランド鱒である信州サーモンのマリネに醤油いくらとオレンジ添え、プチトマトと占地（しめじ）を加えた牡蠣のアヒージョ、鯖の大葉湯葉包み揚げ、野沢菜コロッケにマヨおかかを添えた一品、燻りがっこクリームチーズはアボカドとともに登場。

さらに、まったりとした南瓜のスープ、鶉（うずら）卵と胡麻油醤油ダレで味わう馬刺しユッケ、もちもちの里芋団子は餡かけ風、頭から丸ごと味わえる岩魚（いわな）のオイル焼きにはキャロットラペと、韓国海苔を加えたチョレギ風サラダが添えてある。

海老と薩摩芋のライスネット焼きは、表面がパリパリで食感が良く、海老はぷりぷり、芋はホクホクだ。メインはレモン昆布出汁に胡麻味噌ダレで味わう信州牛のしゃぶしゃぶで、占地、ブラウン占地、豆苗、さらした長葱が添えられている。

締めは大根葉の混ぜご飯、豚バラ肉と占地、椎茸、牛蒡、三つ葉が入った沢煮椀、そして自家製の野沢菜漬けと大根の漬物。最後にはパンナコッタのデザートも付く。料理はすべて女将さんの手作り。飲食店で修業をしたわけではないと聞いたが、器や盛付け、そして味わいにもセンスが光る。

食後には客室でのんびりとくつろぐ。筆者の感覚では、これが旅館やホテルであれば二食付き三万円以上はするというイメージ。あまりにも居心地が良く、座椅子に座ったまま寝落ちしてしまった。夜中に目覚めて慌ててベッドに移動。朝までぐっすり眠った。

朝食も女将さん手作りの品が並ぶ。松花堂風の角箱に山菜茸おろし、筍と青菜の炒め物、蓮根の明太子和えなどが並び、さらに竹輪チーズの揚出し、鰊（にしん）の干物、梅の裏漉しと塩昆布に三つ葉を添えた豆乳湯豆腐、温泉卵、白飯と味噌汁。ボリュームもちょうど良いが、なにしろ飯が進んで参った。

民宿の大きな魅力の一つは、料理がすべて手作りだということだろう。同じ価格帯の大規模旅館やホテルでは、実現できないことである。施設の充実ぶりにも感心したが、女将さんの真心を味わったファーストクラス民宿だった。

養魚場直営の川魚料理と韓国家庭の味に大満足

長野県・野沢温泉

御宿　ふぶき

一泊二食……一万二〇〇〇円～
その他のアメニティ＝バスタオル、ドライヤー

北陸新幹線飯山駅からバス25分、野沢温泉下車徒歩約10分
上信越自動車道豊田飯山ICから約30分

長野県下高井郡野沢温泉村豊郷8820
☎0269・85・4162

野沢温泉街の中心部、シンボルの麻釜に近い細道を上って行ったところに、意外なほどゆったりとした駐車場があった。その一角に生簀があり、ここで川魚の養魚場を営んでいる珍しい民宿である。

温泉街の旅館やホテルの夕食に供される川魚は、ほぼここから仕入れていると聞いた。つまり、この宿は自家養殖の川魚を原価で提供できるわけで、お手頃価格で旨い川魚料理が味わえるわけだ。

さらに女将の持田めいさんは韓国出身。夕食には手造りキムチなどの韓国家庭料理も並ぶ。これがまた絶品なのである。

館内も客室も非常に清潔で心地良い。客室は全六室。うち三室はトイレ・洗面台付きだ。布団敷きはセルフ。ちなみに、野沢温泉に限ったことではないが、スキー場近くの民宿は冬季にはバスタオルや浴衣が付かないことが多いので注意したい。この宿もそうだ。

一六時半～二二時に入れる風呂は、大理石造りの男女別内湯のみ。天然温泉ではないが、湯が実になめらかな触感である。

天然温泉に入りたいのであれば、激アツの単純硫黄泉があふれる共同湯「真湯」まで歩いて三分ほど。畔上館（一二〇ページ）のところでも触れたが、一〇〇円程度の志納金を箱に入れて極上の天然温泉を楽しみたい。「麻釜（あさがま）の湯」も宿から徒歩五分かからない。

二つの共同湯を巡って宿に戻ると、すでに夕食の時間だった。

食事処のテーブルに並んだのは川魚の刺し盛り（信州サーモンの刺し身と炙り、腹身、信濃雪鱒＝しなのゆきますの焼き霜造り、鯉の洗い）、囲炉裏で

焼いたブランド岩魚・信州大王岩魚の塩焼き、郷土料理の芋膾（なます）、そして女将さん手造りのナムル（もやし、法蓮草、占地）にチャンジャ（鱈腸の韓国風塩辛）、白菜キムチ、ヤンニョムチキン、野沢菜は醤油漬けと塩漬けの二種。さらに鯉のあらこくと、自家栽培の木島平の白飯、水菓子は林檎。

川魚料理は臭みがまったくなく、岩魚塩焼きは身離れが良い。鮮度が良い証拠だ。鯉あらこくは腹骨などのあらを使った鯉こくで、臭みも苦味もまるで感じられず、上品な脂が味噌汁に溶けてなんとも滋味深い。コリコリとした自家製チャンジャは旨辛く、まさしくビール泥棒だ。ナムルはあっさりめ、キムチは辛味の中に甘みがあり、ヤンニョムチキンもご飯のおかずに最高。野沢菜漬けも、もちろん自家製である。

　訪ねたのは大雪の舞う冬だったが、ぬくぬくの清潔な寝具に包まれ

てぐっすりと眠った翌朝は、七時半に爽やかに起床。
　朝食は八時から食事処で味わう。若布、白菜、榎茸（えのきだけ）、豆腐が入った具沢山の味噌汁、ウインナーグリルにキャベツのサラダ、自家養殖の虹鱒甘露煮、ひじきの煮物と野沢菜煮物、温泉卵、焼き海苔、白菜キムチと艶々ご飯が並び、朝か

ら二杯もお代わりしてしまった。

　夕食プランには、韓国の家庭の味が楽しめる多種のキムチなどの小皿料理プラス参鶏湯（さむげたん）をメインとしたコースもあり、一泊二食料金は同じ。

　このような宿だから、韓国人観光客の姿も多い。館内には韓国語が飛び交って、常連客も多いようだ。そもそも野沢温泉は外国人客が多く、中国や韓国などのほか、欧米人の姿もしばしば見かける。特にスキーシーズンはそう。

　それにしてもこの宿、韓国語に日本語、英語が乱れ飛んでいるという国際的な雰囲気なのだが、なぜか妙に居心地が良い。ロビーや食事処でも、お客同士が顔を合わせると笑顔で会釈をしてくれる。客層が良いというか、お客の誰もがニコニコしている気がする。

　その理由を考えてみるに、きっと女将さんの感じの良さが大きな影響を与えているに違いない、と思った。いかにも民宿ならではのホスピタリティを感じた宿だった。

天然宝石露天風呂に憩い、海鮮料理に舌鼓

静岡県・宇佐美温泉

民宿　ふかべ

JR伊東線宇佐美駅から
徒歩10分
熱海ビーチライン終点から
約25分

静岡県伊東市宇佐美416
☎0557・47・2211

『一泊二食……一万二〇〇〇円～
その他のアメニティ＝バスタオル、ドライヤー』

伊豆・熱海温泉から南下して、伊東温泉へと至る入り口に湧いているのが宇佐美温泉である。この宿はその宇佐美の海岸へ入る国道沿いの坂道のカーブの途中に建っている。

建物は鉄筋コンクリート造りで、すでに四五年ほど前の建物というから、決して新しくはない。しかし、やや雑多な雰囲気のするロビーから客室に案内されると、そこには清潔な空間が広がっていた。共同のトイレも洗面台もリニューアルされており、まだピカピカだ。

この民宿の名物は、なんと言っても「宝石露天風呂」である。男女別の露天風呂の床には色とりどりの天然石が敷き詰められており、浴槽の底にも同じくカラフルな石が敷かれている。これはご主人、深辺典洋さんの祖父が山梨の石屋から仕入れて来たもので、すべてがパワーストーンであるとのこと。

浴槽もゆったりしており、民宿としてはかなり大きいサイズと言え

る。どちらも内風呂を併設しており、男湯は大理石風呂、女湯は檜風呂になっている。

湯遣いは加温・循環・塩素消毒に、新湯注入のかけ流しを併用。入浴は二三時まで、朝は六時半から可能だ。

泉質はカルシウム・ナトリウム—塩化物・硫酸塩温泉でpH八・五、メタけい酸も豊富なアルカリ性の美肌の湯である。

夕食は、鎌倉の割烹旅館などで腕を磨いたご主人自ら包丁を握る。朝夕共に食事処に用意され、夕食はセルフの布団敷きを済ませてから食事に行けるのがありがたい。

その夕食、写真を見れば分かる通り、海辺の民宿に期待する「海の幸料理」を裏切らない。栄螺、蛸、甘海老、黒鯥（くろむつ）、鉢鮪、勘八（かんぱち）、いくらが載った舟盛り（写真が一人前！）、栄螺の壺焼き、金目鯛の煮付け一尾、貝の餡かけライスペーパー巻揚げ、大海老の卵グラタン風、鶏胸肉と野菜サラダ、小鉢に長芋とめかぶ、ツブ貝の山葵（わさび）仕立てが並び、締めには白飯と青さ海苔の味噌汁が付く。

金目鯛煮付けの大きさに驚き、「デカイ！　これは二人前？」と尋ねたら、

「これが一人前です。ただ、今日のはちょっと大きめかな（笑）」と言われた。

どれも素材の味わいが生き生きしていて、酒が進むことと言ったらない。聞けば、仕入れは沼津港まで足を伸ばしているという。

伊勢海老が一人一尾付くコースは、二食付き一万三六五〇円～で用意しているが、筆者は通常コースでおなかいっぱいだった。

翌朝食も充実している。白飯に浅利（あさり）の味噌汁をはじめとして、丸籠に盛られた小鉢はしらすめかぶ、冷奴、薩摩揚げなど。さらに竹輪が載ったサラダに焼き海苔、卵焼き、そして陶板で温められた鯵の干物……。

この干物が実にふっくらしていて感心した。民宿料理の弱点は、まとめて配膳するために料理が冷めてしまいがちな点なのだが、陶板で温めているために身離れも良く、熱々を味わえるのが良い。これもご主人の

こだわりのようである。たっぷりの生野菜サラダも好印象だった。案外、海辺の民宿の食事では野菜が不足するのである。

ビタミンCもたっぷり摂取して満腹したあと、部屋に戻って一時間ほどまどろんでから、布団を畳んで宿を辞した。

伊東温泉は温泉地としてつとに有名だが、その入り口の温泉漁師町に、このような民宿があるのである。伊豆半島では、東京方面から比較的行きやすい立地にあることも、この宿の魅力だと思った。

「じいじの釣った魚」は鮮度抜群の天然魚

静岡県・宇久須温泉

漁火の宿　大和丸

一泊二食……一万一二〇〇円～
その他のアメニティ＝バスタオル、カミソリ、ドライヤー、メイク落としなど

伊豆箱根鉄道修善寺駅から
バス1時間15分、
宇久須港口下車徒歩1分
東名高速道路沼津ICから
約1時間20分

静岡県賀茂郡西伊豆町宇久須
202-97
☎0558・55・0100

伊豆半島のファーストクラス民宿のメッカ、西伊豆エリアの宇久須（うぐす）港に面したこぢんまりとした民宿である。しかし玄関を入ると、とても民宿とは思えない洒落た空間が広がる。

とりわけ客室は旅館顔負けの風情で、さらに露天風呂付き客室（一泊二食二万四四〇〇円～）も備えている。西伊豆エリアの民宿レベルを押し上げている一軒である。

夕食はシックな雰囲気の食事処で味わえ、「じいじの釣ってくる季節ごとの魚」が舟盛りで登場。これはつまり、天然魚ということでもある。今どきの大型旅館の刺し身は大半が養殖物だから、その付加価値は非常に大きい。味わいが、もう、断然違うのだ。

写真は一人で取材のために泊まったときのものだが、鶏魚（いさき）の姿造りや栄螺の刺し身などが盛り込まれ、この写真の舟盛りがなんと一人前なのである。通常は二名から

の予約になるので、この倍量の刺し身が舟に盛られて登場するわけだ。ほかにも四季折々の美味旬肴が食卓をにぎわせる。

これは、食べる前からペース配分を考えないと、食べ切れない量でもある。筆者の場合は鶏魚の刺し身を半分ほど、山葵醤油に漬けにして置いておき、最後の締めに温めしに乗せて熱いお茶をかけて味わった。絶品だ。

しかも、この舟盛りがついても二食付き一万円ちょっとなのである。ファーストクラス民宿の食事レベルの高さを思い知らせてくれる。

鮑もしくは伊勢海老も＋三〇〇〇円で追加してくれる。伊勢海老の刺

し身をチョイスすれば、翌朝には伊勢海老の頭の味噌汁も出してもらえる。

　さらにここは朝食もレベルが高く、丸籠に小鉢が並んで供され、その量のちょうど良さや、盛付けの可愛らしさに、女性客にも人気が高い。我がカミさんの意見では、コストパフォーマンスを考えなくても、もう一度行きたい宿の一つ、とのことである。

　日本中の極上温泉に伴っているカミさんがここまで言うのは、もちろん宿泊費がお手頃ということもある。二食付き一万円ちょっとで食べ切れないほどの夕食を味わえ、客室は清潔で快適となれば、また来たいと言うのも、むべなるかな。

　しかし、魅力はリーズナブルさだけではない。風呂は源泉加温かけ流しで、泉質はカルシウム—硫酸塩泉。木枠を縁に回した湯船と石風呂があり、湯船は大きくないものの、温度はやや高めで、冬でも湯上がりはポカポカだ。内湯のみだが、どちらもいたって清潔。湯に浸かった瞬間、ウヒョヒョっと笑みがこぼれたほどの湯のフレッシュ感だった。

　この風呂を貸切で利用できるというのもいい。気兼ねもない。数十年ぶりにカミさんと一緒に風呂に入って、何だか照れ臭かった筆者である。

　西伊豆でも「宇久須温泉」というのはまったくメジャーではないだろうと思うが、このようなところにこそ、ファーストクラス民宿は潜んで

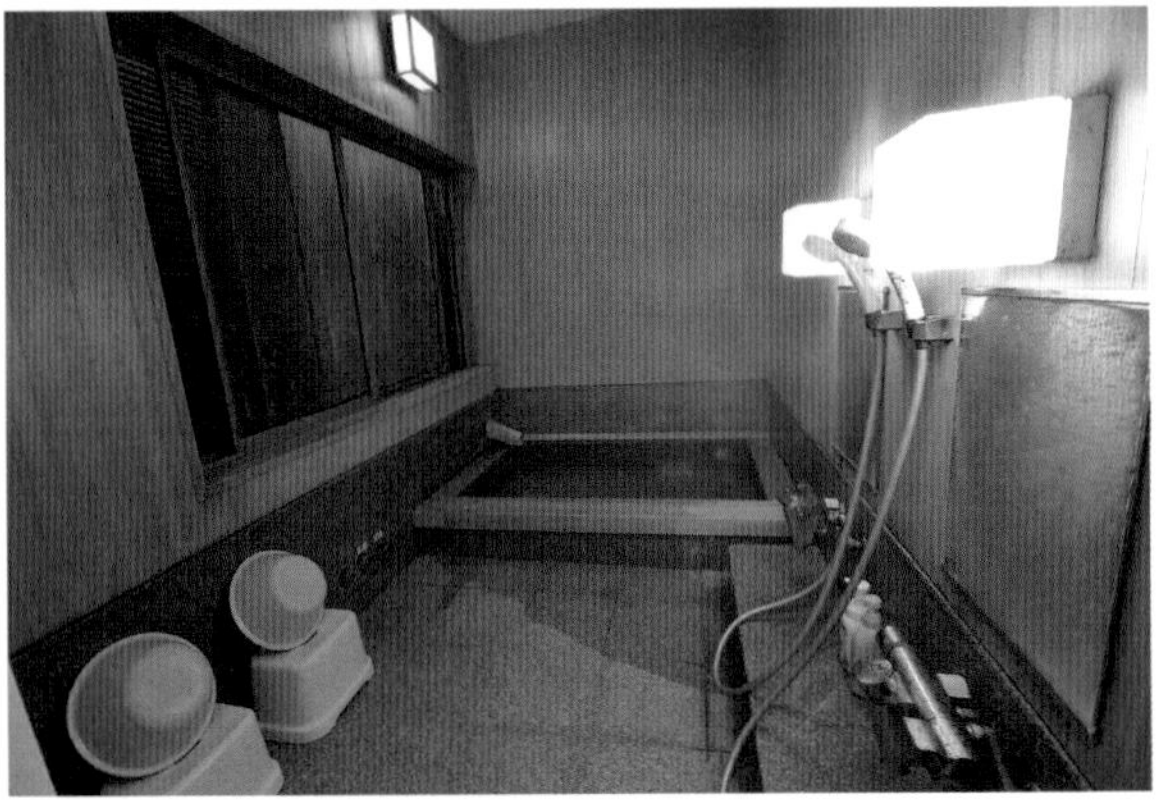

いるのである。

正直、宿の前に立つと、

「え？　これがファーストクラス民宿？」

と思うかもしれない。立地も防波堤沿いでかなり鄙びている。建物の外観に至っては、ごく普通である。宿の近辺には繁華街のようなものもない。まさに漁村。

それでも玄関をくぐりさえすれば、ファーストクラスのおもてなしが待っていることを保証する。それは大人の旅人を満足させるものだと断言していい。

この宿もまた、筆者の民宿に対するイメージを変えてくれた隠れ家なのである。

まさに期待通り！　豪華な海の幸とかけ流し温泉

静岡県・雲見温泉

温泉民宿　高見家

『一泊二食……八七九〇円～
その他のアメニティ＝バスタオル、ドライヤー』

伊豆急行線伊豆急下田駅から
バス1時間10分、雲見入谷
下車すぐ
天城北道路月ヶ瀬ICから
約1時間30分

静岡県賀茂郡松崎町雲見315
☎0558・45・0215

伊豆半島で民宿のレベルが高いところと言えば、何はさておきこの雲見（くもみ）温泉である。

この宿は、個人的にはそのフラッグシップ的な宿だと思う。清潔な施設、海の幸満載の食事に加え、温泉がことのほか魅力的だ。温泉風呂は男女別内湯のほか、空いていればいつでも入れる貸切の石造り露天風呂がある。

知人の温泉ソムリエ山口貴史氏が主宰する純温泉協会の「純温泉」に認定されており、熱交換を用いた源泉一〇〇％かけ流しの極上湯である。泉質はカルシウム・ナトリウム―塩化物泉。いわゆる食塩泉系で保温・保湿効果が高い。

内湯はやや小振りだが、かけ流しを維持するためにこの大きさにしたという。

貸切露天風呂の風情もまた良い。玄関を出たところに湯煙を上げ、鍵がかかっていなければ自由に入浴できる。客室わずか八室なので、込み合うことも滅多にない。

　夕食は、海辺の民宿に期待する「海の幸満載！」を裏切らない。伊勢海老または鮑付きでも一万円ちょっとと、破格の値段である。次ページの写真の迫力を参照して欲しい。

　過日、我が家の近所の行きつけ居酒屋の一家にこの宿を案内し、六人で泊まって、三人は通常コース、あとの三人は「水軍海賊盛りコース」（伊勢海老一尾＋グループに貝類一個付き一万四〇四〇円）でお願いしたのだが、それでも食べ切れなかったそうだ。
　店主は都内の超一流料亭で二番（煮方）までやって独立した料理人だが、その彼をして「飯には大満足」と言わしめた。
　筆者はこの宿にダマテンで、一人で泊まったことがある。一人で泊まると舟盛りは皿盛りになり、わずかに料金が割増になるが、飯の旨さやボリューム感はちょうど良く、かけ流し温泉のフレッシュな魅力は褪せることがない。

その後、取材でもお邪魔したが、このときには凄まじいボリュームの料理が登場（それでも一泊二食一万五〇〇〇円ほど）。

栄螺の壺焼きに赤羽太（あかはた）を主体とした舟盛り、鮑のバター焼き、伊勢海老の刺し身、渡蟹（わたりがに）の鍋、地物の水雲（もずく）酢、その他、茹で楚蟹（ずわいがに）に野菜の天ぷら、箸休めの蕎麦など。とても全部は食べ切れず、鍋料理にはまったく手を付けずに、最初からお詫びを申し上げて下げていただいたほどである。

お酒の値段も良心的だ。日高見、くどき上手が四合で三〇〇〇円。大

酒飲みの筆者などはこの量でちょうど良い。冬の時期には、日本酒を注文すると自家製の唐墨（からすみ）のサービスもある。これが滅法いけるのである。

建物的には奇抜なものではなく、オーセンティックな民宿の構えだが、玄関の佇まいは風情があり、館内も至極清潔で快適である。布団敷きはセルフだが、その分、食事は基本が部屋食で気兼ねがない。

ぐっすりと眠った翌朝食には、伊勢海老の頭の味噌汁を筆頭に、地もののひじきの煮付け、鯵の干物、温泉卵、青菜のおひたし、焼き海苔、お新香などが並んだ。デザートもちゃんと付いている。

宿の朝食は旨いことが多いのだが、民宿の朝飯はとりわけ抜群だ。帰りの運転がなければ、伊勢海老の頭をほじくりながら、朝からビールの一本も飲みたいくらいである。

そもそも本書の企画を筆者が思い立ったのも、この民宿に泊まったことからだった。これぞファーストクラス民宿、という魅力を存分に楽しんで欲しい。

何を残すか……究極の決断を迫る豪快海の幸

静岡県・雲見温泉

民宿　番上屋

『一泊二食……一万一〇〇〇円〜
その他のアメニティ＝カミソリ、メイク落とし
など』

伊豆急行線蓮台寺駅からバス
西伊豆ライナー30分、
松崎駅乗り換えバス20分、
雲見入谷下車徒歩2分
天城北道路月ヶ瀬ICから
約1時間30分

静岡県賀茂郡松崎町雲見326
☎0558・45・0244

うーむ……。

撮影が終わった夕食料理を前に、筆者は腕組みをして悩み込んでしまった。写真映えを考慮してか、宿の方が伊勢海老（一尾三五〇〇円〜）と鮑（一個三五〇〇円〜）の造りを追加してくれて、夕食に凄まじい量の海の幸が登場したのである。

刺し身の舟盛り（写真は二〜三人前）には鯵、勘八、めじ鮪、烏賊（いか）、生しらす、栄螺が、これでもか、と迫ってくる。

赤魚鯛（あこうだい）の煮付けも、特大サイズがほぼ一尾（写真は二人前）。ほかにも栄螺の壺焼き、鯵フライに豚肉のホイル焼き、茶蕎麦、帆立と南瓜（かぼちゃ）の煮物、パスタサラダに、水菓子のカットパインまで。

うれしい悲鳴とはこのことだが、とても一人では食べ切れない。何かを残さねばならない。では何を残すか？　究極の選択である。

最終的に、まずは茶蕎麦と豚肉と

南瓜煮物を残そう、と決めて海の幸に挑んだ。

ところが、結局勘八の刺し身は約三分の一も残してしまった。まさか魚大好きの自分が刺し身を残すとは、と無念であった。こんなことなら最初から適宜の量を取り分けて、宿の方にお返しすれば良かったのである。

しかし、新型コロナ禍の時節柄、撮影だけとはいえ、一度食膳に出したものをお返ししてもなぁ、という

思いもあった。そのくせ、鮑と伊勢海老は真っ先に食べ切っているのが、貧乏性のちゃっかりしたところである。

教訓。伊豆半島雲見温泉の夕食のボリュームを甘く見てはいけない。

驚くべきは、この料理がついても一泊二食付き二名一室利用の場合、一人の料金が約一万四五〇〇円～ということである。海辺の民宿に期待する「海の幸どっさり！」を裏切ることはない。仮に「旅館」の場合、この料理が付くと軽く二万円は超えるだろう。

風呂は天然温泉で、男女別の内風呂に露天風呂を併設している。客室にあった温泉の使用状況を見ると「(加水なし)、加温・循環濾過・消毒」とあったのだが、筆者はこれを見た瞬間、ウソだろ？と思った。露天風呂に入った瞬間、肌にビリビリと来るこの感じは、どう考えても源泉かけ流しだと思ったのだ。

女将さんに確認すると、

「露天風呂は源泉一〇〇%かけ流し。分かるんですか？ さすがですねえ」

と言われた。内風呂は循環・塩素とのことで、入り比べれば温泉ファンなら誰でも気付くはず。それくらい露天風呂の湯は絶品だ。

泉質はカルシウム・ナトリウム―

塩化物泉で、露天風呂はかなり熱めの湯。アメニティに関してはバスタオル、ドライヤーが付かないので、これは持参すると良い。夏のシーズンは浴衣も付かないので要注意だが、こうした宿は海辺の民宿には案外多い。

食事は朝夕とも部屋食。布団敷きもセルフだが、そのぶん気兼ねがないのがいい。

翌朝食には、伊勢海老の頭の味噌汁、鯵の干物、納豆、煮豆、板わさ、スクランブルエッグ、焼き海苔、冷奴、サラダ、小松菜しらす、手作りマーマレードかけヨーグルトなどが並んだ。夕食も朝食も、民宿に求められる「リーズナブルで旨い」がそろっている。

朝食後に玄関外で一服しながら、屋号について女将さんに聞くと、

「番上屋ってのは、大工さんの家の屋号に多いんだよね。うちも亡くなった主人が大工さんだったから番上屋」

とのことだった。昨晩の豪快な海の幸料理を思い出しながら、「一番上」の民宿という自負ものぞいているような気がした。

コスパ最高！ 八〇〇〇円台で大満足の隠れ家

静岡県・雲見温泉

雲見温泉 かごや

一泊二食……八九五〇円～
その他のアメニティ＝バスタオル、ドライヤー

伊豆急行線蓮台寺駅からバス
西伊豆ライナー 30 分、
松崎駅乗換えバス 20 分、
雲見浜下車徒歩 2 分
天城北道路月ヶ瀬 IC から
約 1 時間 30 分

静岡県賀茂郡松崎町雲見 377-1
☎ 0558・45・0241

鶏魚（いさき）姿造りに鮪や烏賊の刺し身皿盛り（写真は二人前）、金目鯛煮（写真が一人前、以下同）、栄螺壺焼き、天ぷら盛り合わせ、酢の物、煮物、水菓子などが並び、なんとこの夕食で一泊二食付き八九五〇円。まさに民宿ならではの安さで、これがこの宿のスタンダードプランだ。

この夕食、実はあえて伊勢海老も鮑も付けないプランを頼んだ。したがって、先にご紹介した宿の料理と比較して、やや質素な感じに見えても仕方がない。

しかしこの食事だけでも十分なボリュームがあり、筆者は取材のために一人で泊まったから、これだけでもおなかがいっぱいだった。

伊勢海老一尾または鮑一個付きでも一万七〇〇円、両方付けても一万二二五〇円。つまり雲見の宿でもひときわ安い。東京・銀座あたりの店だと、伊勢海老一尾だけでも軽く一万円以上はするだろう。

二人で泊まるなら、予算に合わせ

て伊勢海老などを付ければ、前出の宿と肩を並べる大ご馳走となる。しかも割安である。

雲見温泉の中でも、ここは隠れ家的な民宿だ。雲見の浜を見下ろす国道高架下に宿を構えており、正直言って建物はかなり古い。ところが、館内に入ると掃除は行き届いており、不潔さはまったく感

じられない。

客室も簡素な和室のみで、テーブルは懐かしき卓袱台（ちゃぶだい）だが、エアコンは完備しており、不自由がない。取材日は九月半ばだというのに最高気温三十二度で、女将の齋藤まさよさんが出してくれた冷え冷えの紫蘇（しそ）ジュースが、ことのほか涼やかだった。

こういうのをファーストクラス民宿のもてなしというのである。お茶とお茶菓子さえあればいい、というものではないのだ。

汗だくの体をしばし部屋で冷ましてから館内を見学。すると、やたらに共同トイレの数が多い。そのほとんどが洋式で、古い建物ながらこまめに改装をしていることが分かる。これなら朝のトイレ混雑も少ないだろう。快適さというの

は、こんなところにも表れる。

オマケに、食事処前に今どき珍しい喫煙室まであった。愛煙家にはうれしい限りだ。

さっそく一服をしてからお風呂へ向かった。風呂は男女別にこぢんまりとした石造りの内風呂があるのみだが、この風呂が源泉一〇〇％かけ流しの極上湯だ。もう、湯の新鮮さが肌にビンビンくるのが分かる。無色透明の湯はかなり熱めだったが、冬には少しぬるめになるとのこと。泉質はカルシウム・ナトリウム―塩化物泉で、ややキュキュッとした肌触りだ。

湯船は、力士の如き筆者が入ると一人でいっぱいなくらいだが、かけ流しで清潔感を維持するには、ちょうど良いサイズと言える。入浴人数が少ない場合、湯船が小さい方が湯の入替わり頻度が高くなるというわけだ。

夕食は食事処で。部屋食の気兼ねなさも悪くはないが、夕食前にセルフの布団敷きを終わらせておけるというのは魅力でもある。そうして冒頭のスタンダード夕食をいただき、胃袋が悲鳴を上げない程度に満腹して客室へ戻った。

一時間ほど休憩して酔いを覚ましてから、また風呂を使い、エアコンの効いた部屋に戻ると、ほてった体温が下がるにつれて、心地良い眠気に誘われていった。

パリッとノリが効いた清潔なシーツの上で海よりも深く寝た翌朝食は、鯵の干物、目玉焼き、ひじき煮、納豆、焼き海苔などが膳をにぎわせた。海辺の民宿の典型的な朝ごはんだが、ブルーベリーヨーグルトにモーニングコーヒーも付く。

あえてスタンダードプランで泊まってみたら、ファーストクラス民宿のメッカ、雲見温泉の底力を感じさせられた思いだった。

まさしく「安い・旨い・清潔で快適」な民宿であり、女将さんの人当たりの良さも思い出に残った。

港町下田で一品出し！京割烹の技が光る

静岡県・下田温泉

割烹民宿 小はじ

一泊二食……九六五〇円〜
その他のアメニティ＝ドライヤー

伊豆急行線伊豆急下田駅から
バス10分、
須崎海岸下車徒歩2分
天城北道路月ヶ瀬ICから
約1時間

静岡県下田市須崎518
☎0558・22・6174

下田市の中心部から南に突き出た須崎半島をさらに南へと向かうと、やがて車の中までプ〜ンと潮の香りが漂ってきた。

民宿発祥の地とされる下田市須崎は、小さな港に小型の漁船が並ぶ昔ながらの漁師町であった。港近くのバス停のロータリーには、民宿発祥の地の石碑も立っている。

そんな漁港を目の前に臨んで、小体な構えを見せているのがこの民宿である。

「お料理は出来立てを味わっていただきたいので、一品ずつお出ししています」

そう話すのはご主人の小川浩史さん。高校卒業後に東京・神楽坂の京割烹で一〇年修業を積み、地元に戻ってこの民宿を継いだという。

学んだ料理の技術は、一品出しにこだわる夕食にも表れている。海辺の民宿と言えば豪快な舟盛りが定番だが、この宿ではまず先付けが登場する。取材日は鶏魚（いさき）焼き、枝豆、昆布有馬煮、焼きトウモロコシ、塩辛、一口焼豚が一皿に盛られて出てきた。

お造りは平皿に六点盛り。焼き霜をした赤矢柄（あかやがら）の昆布締め、小鮭、赤烏賊、稚鰤（わらさ）に潤目鰯（うるめいわし）、そして梅色（うめいろ）。蓋物は冬瓜（とうがん）の海老餡かけ、揚げ物は舞鯛（ぶだい）、明日葉、潮際河豚（しょうさいふぐ）、そしてなんと栄螺。

さらに、下田のクレソンのパス

夕、勘八（汐っ子）の切り身や小松菜、長葱、豆腐、占地（しめじ）入りのとっくり蒸しと続く。

とっくり蒸しは名の通り、とっくり形の器が三分割されており、上の段には橙狩りから始めるという自家製ポン酢、真ん中には紅葉おろしと細葱の薬味、下段には上品な昆布出汁で蒸し上げた前述の食材が詰まっている。

ここまでの間に瓶ビール一本、三〇〇ミリリットルの冷酒二本を飲み干して良い塩梅となり、締めに白飯と潮汁、お新香をいただいて、実にほど良い満腹感。これはもはや民宿料理というより、料亭のそれだと思った。

寝酒にウイスキーのハイボールをもらって部屋に戻り、布団は自分で敷く。しかるのちに、汗を流しに二度目のお風呂へ。

浴室は男女別だが、内鍵をかけて貸切で利用するようになっている。浴槽は小さいが、湯は須崎の御用邸に引いた下田の温泉をパイプで各民宿に分湯している。この宿では浴室内部のパイプから源泉一〇〇%かけ流しで供給されているが、夏は熱く、冬はぬるくなるため、蛇口の水や真湯で調整する。

と言っても、筆者が訪ねたのは九月半ばで、水も湯も足さないまま、源泉かけ流しの湯をたっぷりと満喫できた。泉質は弱アルカリ性の単純温泉でpH八・一、柔らかな美肌の湯である。風呂は朝食時間の朝八時まで、一晩中入浴可能である。

湯上がりに一服しようと玄関の外に出ると、港をわたる潮風がなんとも心地良い。見上げると雲の切れ間から十五夜の月が姿を現した。ああ、良い夜だ。

部屋に戻ってちびちびハイボールを舐めていると、猛烈な睡魔が襲ってきた。取材の連続で寝不足だったせいだろう。布団に潜り込むと、あっと言う間に眠りに落ちた。

翌朝は目覚ましが鳴る前の七時過ぎに自然に起きた。顔を洗ってタバコを一服し、口をすすいで朝食へ向かう。食膳には鯵の干物、温泉卵、ひじきとレタスのマヨネーズ添え、鶏魚のたたき、もやしの胡麻和え、茄子の味噌汁、白飯、そしてお新香。

目覚めて間もないのに、飯をお代わりして朝から絶好調だ。前夜の酒量もほどほどで、睡眠もしっかりと取ったからだろう。

南伊豆の鄙びた漁師町で、料亭レベルの美味を楽しめたのは正直言って驚きだった。また一軒、ファーストクラス民宿を見つけた、と思いながら帰りの車に乗り込んだ。

海の幸てんこ盛り！　最新鋭の宿坊へ

モダン宿坊　禅の湯

一泊二食……九六八〇円～
その他のアメニティ＝バスタオル、カミソリ、ドライヤー、メイク落としなど

静岡県・天城温泉

伊豆急行線河津駅からバス16分、慈眼院前下車すぐ
天城北道路月ヶ瀬ICから約25分

静岡県賀茂郡河津町梨本28-1
☎0558・35・7253

えっ！　今どきの宿坊って、こんなにも進化しているの？

この宿に泊まった人は、必ずや驚くに違いない。正式には宿坊であって民宿ではないが、民宿の括りでの紹介でもいいですよ、と言っていただいたので、本書の最後を飾る宿として取り上げる。それくらい筆者の大好きな宿である。

安い、旨い、快適、清潔、温泉も源泉一〇〇％かけ流しで超フレッシュだ。

元々は、初代日本総領事タウンゼント・ハリスが泊まった慈眼院というお寺。本堂は今も健在で、日曜の朝には座禅体験もできる。

駐車場からその本堂の前を過ぎた先に、宿坊とは思えぬ白亜の建物が建っている。玄関を入ると畳敷きで、華美ではない清潔なソファが置かれたロビーが広がる。その奥には無料で飲めるコーヒーコーナーもある。

客室は全一一室。和室のほか、和洋室やツインルームもあり、これが

宿坊？　というお洒落な部屋に、充実したアメニティがそろっている。宿坊らしく浴衣の代わりに作務衣が用意され、靴下もある。

女性の大浴場にはメイク落としや化粧水、乳液などひと通りのものが用意されている。しかも二〇二二(令和四)年七月一六日に改装をして、全室トイレ付きとなった。布団敷きはセルフだが、ツインルームと和洋室のベッドは、あらかじめメイキングされている。

風呂は前述の通り自家源泉の天然温泉一〇〇%かけ流し。この湯のフレッシュ感にも参った。生き返るような入り心地である。

大きな窓から陽光が燦々と降り注ぐ男女別の内風呂のほか、白いデッキチェアの置かれた露天風呂がそれぞれに備わっている。無料で入浴できる岩盤浴も男女別に併設され、別に貸切風呂もある。さらに二〇二二年一二月には、露天風呂タイプの個室風呂が二つ新設されたばかりだ。

温泉の泉質はナトリウム・カルシウム―硫酸塩温泉。pH九のアルカ

リ性で、肌の不要な角質除去作用と、硫酸塩泉の肌の蘇生効果が相まって、湯上りはプルプルスベスベだ。

食事にも驚くこと請合いである。宿坊と言えども精進料理ではない。基本コースの食事に金目鯛のしゃぶしゃぶを付けても二食付き一万四三〇〇円～。刺し身のグレードアッププラン（一人伊勢海老一尾＋鮑一個）をチョイスしても二食付き一万五四〇〇円～。まさか宿坊で海鮮三昧が楽しめるとは！

湯上がりに麦般若（ビール）と般若湯（日本酒）を楽しみつつ、伊豆半島ならではの海鮮料理に舌鼓を打つ……。これぞ最新鋭の民宿、いや、宿坊の姿なのである。

　ホスピタリティも充実しており、宿坊という名前から想像される「堅苦しさ」のようなものは微塵もない。

　地元在住の湯友に紹介されて初めて泊まったときには心底驚いたが、今度は筆者が読者の皆さんを驚かせる番だ。旅館顔負けどころか、一般旅館をはるかに上回るコストパフォーマンスである。大いに期待していただいていい。その期待は、決して裏切られることはないだろう。

　宿泊業界では、ホテルや旅館のワンランク下に位置するとも見られている民宿や宿坊。だが、個人的に言わせてもらえば、お客をもてなす心は、もしかすると旅館やホテルより上のような気さえもする。

　ファーストクラス民宿紹介の締めくくりに、宿坊が出てくることは意外かもしれないが、いわゆる「顔の見えるおもてなし」がモットー」という面では、民宿も宿坊も変わりはないと思うのだ。
　筆者が自信を持っておすすめする、ファーストクラスの宿坊であることは間違いない。

あとがき

紆余曲折を経て、ようやくこの「あとがき」に辿り着いた。企画を思い立って八年、本格的に取材を開始してから一年近い時間がかかってしまった。

当初は二〇二二（令和四）年の一一月末ごろに刊行する予定だったのだが、一〇月半ば、取材中のちょっとした足の怪我が元でかなり重篤な炎症を起こし、二週間以上も入院したうえ、退院後も一ヶ月半ほどまともに歩くことすらできなかった。当然取材にも行ける状況ではなく、結果として発売日が半年ほど遅れることになってしまった。

一二月から足を引きずりつつ取材を再開したが、すぐにクリスマス、お正月と続いて、さすがに宿の取材はできなかった。代わりに翌年一月一〇日以降二月半ばまでは、約一ヶ月の間に二七泊もして、どうにかこうにか取材を終えた。そして今、最後の民宿の写真と原稿を入稿して、ほっとひと息つきながら本稿を書いている。

今回の書籍では、全民宿の実地宿泊取材にこだわった。しかも著者本人による全軒取材である。昨今の出版事情では、宿に泊まることもなく、写真を借りて記事を作るということが当たり前にもなっているのだが、それはどうしても嫌だった。取材費はかなりかかってしまったけれども（笑）、おかげで各地の民宿の方々とも知り合いになれた。ご紹介している民宿は、プライベートで再び宿の方々に会いに行きたいと思うところばかりである。

ところで「ファーストクラス民宿」という言葉は筆者の造語である。商標登録を出願したところ、一度は却下されたものの意見書を提出して再審査をお願いし、二〇二三年三月に登録商標として特許庁から認められた。いつかは「ファーストクラス民宿協会」のようなものを作って、全国のやる気にあふれた民宿の交流の場を提供できたらいいな、とも思っている。そのためにも、今後は書籍をシリーズ化して、北海道・東北編、東海・北陸編、関西・中国編、四国・九州編なども出版していきたいところだ。

ちなみに筆者の専門は実は温泉なのだが、今回は天然温泉や源泉かけ流しにこだわらずに宿をセレクトしている。

一方で食事の旨さには徹底してこだわった。民宿の最大の魅力は、やはり美味しい食事だと思うからである。本書でご紹介した民宿では、その期待が裏切られることはないと確信している。

最後になるが、本書の刊行にあたっては、エムケープランニングの喜夛雅文氏に大変お世話になった。このような出版不況の中、電子書籍ではなく紙の本で出そう、と言ってくださったうえ、不慮の怪我で長引く入院・加療中にもたびたび電話をかけて励ましてくれたばかりか、気長に病の平癒を待っていただいたことには、感謝の念が絶えない。この場をお借りして、心から厚く御礼申し上げたい。

とまれ、本書の記事が、読者の皆さんの民宿に対するイメージをガラリと変えてくれることを祈ってやまない。そのためにも、ぜひ宿に足を運んで、旨い飯と快適な宿泊体験を満喫して欲しいと思う。

二〇二三年三月

飯塚玲児

飯塚玲児（いいづか・れいじ）

1966年愛知県生まれ。1991年早稲田大学第一文学部文芸専修卒業。同年、(株)旅行読売出版社に入社、編集部記者、ムック編集長、月刊『旅行読売』編集長などを歴任してフリーの紀行作家、写真家に。

温泉入浴指導員（厚生労働大臣認定）、温泉観光士（日本温泉地域学会認定）、温泉ソムリエアンバサダー、(一社)高齢者入浴アドバイザー協会認定上級講師。日本酒ナビゲーター（SSI認定）。

著書に『温泉失格 超改訂版』（徳間書店）、『みちのくの天才たち』（修成学園出版局・絶版）などがあるほか、新聞や雑誌の取材記事多数。

編集プロダクション「レイジーオフィス」代表。

週刊メルマガ「飯塚玲児の“一湯”両断！」も好評配信中。

発見！ ファーストクラス民宿®
ほんとうは教えたくない厳選36の宿

二〇二三年四月二五日　初版第一刷発行
二〇二四年九月三〇日　第二刷発行

著　者……飯塚玲児
発行者……喜夛雅文
発行所……エムケープランニング
〒一一二-〇〇〇四　東京都文京区後楽一-四-一一-一二〇二
発売所……株式会社 田畑書店
〒一三〇-〇〇二五　東京都墨田区千歳二-一-三-四-三〇一
印　刷……モリモト印刷 株式会社
製　本……モリモト印刷 株式会社
DTP……石原 亮
AD……井川國彦

落丁・乱丁本はお取り替えします。ISBN978-4-8038-0403-4 C0026